매일 성모님 묵상

기쁨이 가득한

Mary Day by Day
By Rev. Charles G. Fehrenbach, C.Ss.R.
© 1987 Catholic Book Publishing Corp.,N.J.

기쁨이 가득한 매일 성모님 묵상

2019년 1월 15일 교회 인가
2019년 5월 13일 초판 1쇄 펴냄
2021년 10월 29일 초판 2쇄 펴냄

지은이 · 찰스 G. 페렌바흐
옮긴이 · 강대인
펴낸이 · 염수정
펴낸곳 · 가톨릭출판사
편집 겸 인쇄인 · 김대영

본사 · 서울특별시 중구 중림로 27
등록 · 1958. 1. 16. 제2-314호
전자우편 · edit@catholicbook.kr
전화 · 1544-1886(대표 번호)
지로번호 · 3000997

ISBN 978-89-321-1600-6 02230

값 16,000원

가톨릭의 모든 도서와 성물을 '가톨릭출판사 인터넷쇼핑몰'에서 만나 보실 수 있습니다.
http://www.catholicbook.kr | (02)6365-1888(구입 문의)

이 도서의 국립중앙도서관 출판예정도서목록(CIP)은 서지정보유통지원시스템 홈페이지(http://seoji.nl.go.kr)와
국가자료종합목록 구축시스템(http://kolis-net.nl.go.kr)에서 이용하실 수 있습니다.
(CIP제어번호: CIP2019011001)

성경 · 전례문 · 교회 문헌 ⓒ 한국천주교중앙협의회

이 책의 한국어판 저작권은 (재)천주교서울대교구 가톨릭출판사에 있습니다.
저작권법에 의해 한국 내에서 보호를 받는 저작물이므로 무단 전재와 무단 복제를 금합니다.

ISBN 978-89-321-1600-6

매일

기쁨이 가득한

성모님

묵상

찰스 G. 페렌바흐 지음 | 강대인 옮김

가톨릭출판사

일러두기

1. 이 책은 가능한 한 교회 전례력(전례 시기, 대축일, 축일)에 따라 묵상할 수 있도록 맞춰져 있습니다. 또한 책 말미에는 요한 바오로 2세 성인 교황의 '성모 마리아께 바치는 기도'를 특별 수록했습니다.
2. 이 책은 매일 성경을 읽고 묵상과 기도를 할 수 있도록 구성되었습니다. 먼저 십자 성호를 긋고 그 날의 성경 구절과 묵상 글을 읽은 후, 기도를 바치면 좋습니다.
3. 가능하다면 시간을 넉넉히 가지고 묵상과 기도를 하는 것을 추천합니다. 그러나 따로 시간을 내기 어렵다면, 언제 어디서든 하루에 단 5분이라도 이 책을 읽으며 묵상과 기도를 해도 좋습니다.

차례

머리말	7
1월	11
2월	43
3월	73
4월	105
5월	137
6월	169
7월	201
8월	233
9월	265
10월	297
11월	329
12월	361
성모 마리아께 바치는 기도	393

머리말

"우리를 하느님 아버지께 확실히 인도해 주시려는 것이 예수 그리스도의 마음입니다. 이와 마찬가지로, 우리를 예수님께 확실히 인도해 주시려는 것이 복되신 동정 마리아의 마음입니다."

루도비코 마리아 그리뇽 드 몽포르 성인

성모님에 관한 책들은 꾸준히 나옵니다. 특히 성모 신심이나 성모님과 관련된 가르침을 다루는 책들이 많이 나옵니다. 하지만 이러한 책을 모두 볼 수는 없습니다. 따라서 성모님에 관한 모든 것을 책 한 권에 담아 놓을 필요가 있습니다.

《기쁨이 가득한 매일 성모님 묵상》이 바로 그러한 책입니다. 이 자그마한 책은 성경 말씀과 묵상과 기도가 알맞게 어우러진, 짧막하고도 고운 향기를 한데 모은 단지와 같습니다. '성경' 말씀은 생각을 빠르게 움직이게 하고, '묵상'은 그 말씀을 알맞게 적용시키고, '기도'는 이 두 가지 영감을 종합해 줍니다.

이 책은 손에 들고 다니기 좋으면서도, 필요한 모든 내용이 모여 있는 성모 신심 서적입니다. 그러나 무턱대고 모은 것이 아니라 조심스럽게 고른 것입니다.

머리말

 또한 이 책은 처음부터 끝까지 내리 읽는 책이 아닙니다. 기차나 버스를 타고 한자리에서 다 읽는 추리 소설도 아닙니다. 이 책을 집어 들기도 전에 우리는 그 결말을 압니다. 우리가 원하는 것은 이 책에 담긴 고운 향기를 조금씩 즐기는 것입니다.

 하루치 글을 읽는 데는 5분도 채 걸리지 않습니다. 이는 바쁘게 사는 현대인들이 하루 일을 시작할 때에 또는 하루 일과 중에 성모님에 대한 향기만이라도 맛보도록 도와주려는 것입니다. 또한 이 책은 잠자리에서 읽어도 매우 좋습니다. 고된 하루 일을 마치고 저녁 기도를 바친 뒤 이 책을 집어 들면, 마음을 가다듬고 평화로이 잠들 수 있습니다.

 책 제목에서 드러나듯이, 이 책은 깊이 감추고 소장해야 할 보석이 아니라, 언제나 지니고 다녀야 할 길잡이입니다. 주머니에 넣고 다니는 묵주처럼, 필요한 순간에 알맞은 위안이나 위로를 이 책에서 얻을 것입니다.

 비오 9세 복자 교황은 알폰소 마리아 데 리구오리 성인에게 '교회 학자'라는 칭호를 부여하면서, 성인의 걸작인 《마리아의 영광 Les gloires de Marie》을 두고 이렇게 말했습니다. "이 책은 매우 다양한 독자들의 요구와 취향을 충족하고 있습니다. …… 이는 마리아 신학과 교회 전승의 무진장한 광맥입니다."

《기쁨이 가득한 매일 성모님 묵상》을 두고도 이와 같이 말할 수 있습니다. 마지막으로 알폰소 마리아 데 리구오리 성인이 그의 책 머리말에서 한 말을 빌려 와 봅니다. "우리가 예수님과 마리아를 사랑하고 성인이 되는 데 이 책이 도움이 되기를 바랍니다. 우리는 이보다 더 좋은 것을 기도할 수도, 바랄 수도 없습니다."

찰스 G. 페렌바흐 구속주회 신부

1월

1월 1일   천주의 성모 마리아 대축일

나는 너와 그 여자 사이에,
네 후손과 그 여자의 후손 사이에
적개심을 일으키리니
여자의 후손은 너의 머리에 상처를 입히리라.

창세 3,15 참조

  구약 성경은 그리스도가 세상에 오심을 느린 걸음으로 준비하는 구원의 역사를 서술하고 있습니다.
  그 초기 문서들은 구세주의 어머니인 여인의 모습을 한 걸음씩 더욱 분명하게 밝혀 주고 있습니다. 뱀을 이기리라는 승리에 대한 약속 안에 그 여인의 모습은 이미 어렴풋이 그려져 있습니다.

— 제2차 바티칸 공의회 문헌, 교회에 관한 교의 헌장 〈인류의 빛〉, 55항 참조

성모님, 성모님은 구세주의 어머니로 하느님께 선택받으셨습니다. 저를 온갖 악에서 언제나 보호하시어, 어머니와 함께, 어머니의 아드님인 예수님과 함께 천국에서 영원한 구원을 누리게 하소서.

성 대 바실리오와 나지안조의 성 그레고리오 주교 학자 기념일 1월 2일

형제애에 관해서는
누가 여러분에게 써 보낼 필요가 없습니다.
여러분 자신이 하느님에게 서로 사랑하라는
가르침을 받았기 때문입니다.

1테살 4,9

성모님의 자애를 얻는 가장 좋은 방법은 덕행입니다.
그 덕행은 우리 이웃에 대한 사랑입니다.

— 나지안조의 그레고리오 성인

성모님, 성모님은 하느님이신 아드님을 본받는 사람들을 매우 아끼십니다. 저에게 이웃 사랑을 가르치시고, 어떠한 상황에서도 이웃을 사랑하는 마음을 잃지 않도록 이끌어 주소서.

1월 3일 — 지극히 거룩하신 예수 성명

지혜는 하느님 권능의 숨결이고
전능하신 분의 영광의 순전한 발산이어서
어떠한 오점도 그 안으로 기어들지 못한다.

지혜 7,25

    영원하신 성부는 복되신 동정 마리아의 성심을 손수 지으신 걸작이라고 기뻐하십니다.
    성자는 그분 성혈의 원천인 어머니의 심장, 그 성심 안에서 기뻐하십니다. 성령은 그분의 궁전이신 성모님 안에 머무르십니다.

— 요한 마리아 비안네 성인

성모님, 성모님은 성부께서 사랑하는 따님이시며, 성자의 고귀한 어머니이시고, 성령의 순결한 신부이시니, 지극히 복되신 삼위일체 하느님을 알려 주시고 그분을 사랑하도록 인도해 주소서.

1월 4일

사실 아담이 먼저 빚어졌고
그다음에 하와가 빚어졌습니다.
그리고 아담이 속은 것이 아니라
여자가 속아 넘어가서 죄를 지었습니다.

1티모 2,13-14

　하와는 인간에게 죽음의 원인이 되었습니다. 하와를 통하여 죽음이 세상에 들어왔습니다.
　반면, 마리아는 생명의 원인이 되셨습니다. 마리아를 통하여 생명이 우리에게 태어났습니다.

— 에피파니오 성인

성모님, 성모님은 참으로 '살아 있는 모든 것의 어머니' 하와이십니다. 세상에 예수님을 낳아 주셨고, 모든 사람을 위하여 영원한 생명을 얻어 주셨으니, 저희 죄를 보지 마시고, 어떤 일이 있더라도 그 영원한 생명을 잃지 않게 해 주소서.

1월 5일

"보아라, 동정녀가 잉태하여 아들을 낳으리니
그 이름을 임마누엘이라고 하리라."
임마누엘은 '하느님께서
우리와 함께 계시다.'는 뜻이다.

마태 1,23 참조

   성모님은 우리를 위하여 눈에 보이는 사람이 되신 아드님, 자신을 창조하신 아드님을 낳으셨지만, 그분의 동정은 손상되지 않았습니다.
   성모님은 잉태할 때에도 동정이셨으며, 출산할 때에도 동정이셨습니다. 임신 중에도 동정이셨고, 아드님을 안고 다닐 때에도 동정이셨습니다. 그분은 영원히 동정이십니다!

— 아우구스티노 성인

성모님, 저희는 어머니를 본받아 드높은 순결의 덕을 소중히 여기고 그 덕행을 항상 간직하고자 합니다. 언제나 성모님을 신뢰하고 성모님의 전구 안에 피신할 수 있도록 돌보아 주소서.

1월 6일

동방 박사들은 그 집에 들어가
어머니 마리아와 함께 있는 아기를 보고
땅에 엎드려 경배하였다.

마태 2,11 참조

성모님은 당신 아드님을 동방 박사들에게 보여 주셨습니다. 그 순간에, 그분은 어머니로서 인간적인 행동을 하신 것일 뿐만 아니라 교회의 표상으로서도 그렇게 행동하신 것입니다.

모든 사람들의 어머니인 교회는 바로 성모님의 인격 안에서 복음화를 시작합니다.

— 요한 바오로 2세 성인 교황

성모님, 성모님은 동방 박사들에게 예수님을 보여 주시며 복음화를 시작하셨습니다. 이를 본받아 저도 날마다 말과 행동으로 다른 사람들에게 예수님을 전하도록 도와주소서.

1월 7일

예수님의 어머니가 예수님께 "포도주가 없구나."
하였다. 예수님께서 어머니에게 말씀하셨다.
"아직 저의 때가 오지 않았습니다."
그분의 어머니는 일꾼들에게 "무엇이든지 그가
시키는 대로 하여라." 하고 말하였다.

요한 2,3-5 참조

   성모님을 입술과 마음에서 멀리 떼어 놓지 마십시오. 그분 기도의 열매를 얻으려면, 그분 삶의 표양을 잊지 마십시오. 성모님이 받치시기에 결코 넘어지지 않을 것입니다.

   그분의 보호 아래서 결코 두렵지 않을 것입니다. 그분의 인도 아래서 결코 지치지 않을 것입니다. 그리고 그분의 도우심으로, 천상 목적지에 이를 것입니다.

— 베르나르도 성인

성모님, 복음에 나오는 일꾼들처럼 예수님께서 시키시는 대로 하도록 도와주소서. 그리하여 그분이 저에게서 영원한 천상 행복의 기적을 이루게 해 주소서.

1월 8일

하느님께서 당신의 아드님을 보내시어
여인에게서 태어나 율법 아래 놓이게 하셨습니다.
율법 아래 있는 이들을 속량하시어
우리가 하느님의 자녀 되는 자격을
얻게 하시려는 것이었습니다.

갈라 4,4-5

   하느님은 마리아를 통하여, 마리아와 함께, 마리아 안에서 모든 구원 활동이 성취되도록 결정하셨습니다.
   그리스도가 계시지 않는다면 아무것도 창조되지 않는 것처럼, 복되신 동정녀가 계시지 않았다면 아무것도 재창조되지 않았을 것입니다.

— 베드로 다미아니 성인

성모님, 예수님께서 어머니를 통하여 이 세상을 재창조하셨습니다. 저도 어머니와 하느님이신 아드님과 일치하는 가운데 모든 활동을 하여 이 재창조에 이바지하도록 도와주소서.

1월 9일

> 사람은 자기 아내의 이름을 하와라 하였다.
> 그가 살아 있는 모든 것의
> 어머니가 되었기 때문이다.
>
> 창세 3.20

   우리는 모두 혈육으로는 하와의 자손이고, 영혼으로는 복되신 동정 성모님의 자녀들입니다. 성모님은 우리 모두를 위한 어머니의 사랑과 보호자의 용기를 지니고 계십니다.

   모든 사람은 성모님 안에서 머물 자리를 찾습니다. 죄인들은 성모님의 기도를 통하여 용서를 얻고, 의인들은 은총 안에서 보호를 받습니다.

— 아빌라의 요한 성인

어머니이신 성모님, 언제나 어머니께 의지하는 자녀가 되어, 모든 기쁨과 슬픔을 안고 어머니께 달려가도록 이끌어 주소서.

1월 10일

그대는 닫힌 정원, 나의 누이 나의 신부여
그대는 닫힌 정원, 봉해진 우물.

아가 4,12

성령이 마리아의 비밀을 알려 주시어 그분을 알게 된 이들은 행복합니다.

성령이 "닫힌 정원"을 여시어 그리로 들어가게 하신 이들, "봉해진 우물"에 다가가 은총의 생명수를 마시게 하신 이들은 행복합니다.

— 루도비코 마리아 그리뇽 드 몽포르 성인

성모님, 성모님을 더 많이 알고 성모님께 더 많이 헌신하도록 도와주시어, 하느님께서 베풀고자 하시는 은총을 얻게 하소서.

1월 11일

내 계명을 지켜라. 네가 살리라.
내 가르침을 네 눈동자처럼 지켜라.
그것들을 네 손가락에 묶고
네 마음속에 새겨 두어라.

잠언 7,2-3

    자비의 어머니이신 성모님께 모든 일을 맡겨 드리십시오. 날마다 가장 특별한 형태의 공경을 드리십시오.
    티 없이 깨끗하신 성모님의 순결을 몸과 마음으로 지키며, 성모님처럼 겸손하고 온유하게 그분의 발자취를 따라 걸어가도록 노력하십시오.

— 보나벤투라 성인

성모님, 제 마음과 영혼을 당신께 봉헌하오니, 어머니의 삶과 덕을 본받아 날마다 그 봉헌을 실천하도록 도와주소서.

1월 12일

내 도움으로 임금들이 통치하고
군주들이 의로운 명령을 내린다.
내 도움으로 제후들이 다스린다.
의롭게 판결하는 수령들도 모두 마찬가지다.

잠언 8,15-16

  성모님을 섬기며 그분의 일꾼이 된다는 것은 우리가 얻을 수 있는 최고의 영예입니다.
  하늘의 모후를 섬기는 것은 이미 높은 곳에서 다스린다는 것이며, 그분의 명령에 따라 살아간다는 것은 다스리는 것보다 훨씬 더 위대한 일입니다.

— 다마스쿠스의 요한 성인

하늘과 땅의 모후이신 성모님, 평생 동안 사랑과 충성으로 어머니를 섬기는 특별한 은혜를 주소서. 그리고 성모님을 섬기는 것이 곧 주님이신 그리스도를 섬기는 것임을 깨닫게 하소서.

1월 13일

나를 얻는 이는 생명을 얻고
주님에게서 총애를 받는다.
그러나 나를 놓치는 자는 제 목숨을 해치고
나를 미워하는 자는 모두 죽음을 사랑한다.

잠언 8,35-36

   하느님은 은총의 질서 안에서 오직 성모님을 통하여 당신의 뜻을 알려 주십니다.
   하느님께 나아가 하느님과 일치하고 싶다면, 하느님이 우리에게 내려오실 때에 쓰시던 방법을 활용해야 합니다. 그 방법이 바로 진정한 성모 신심입니다.

— 루도비코 마리아 그리뇽 드 몽포르 성인

성모님, 성모님은 그리스도와 삼위일체 하느님께 저희를 위하여 전구하시는 가장 강력한 중개자이십니다. 하느님께서 원하시는 것을 가르쳐 주시고, 성모님을 통하여 예수님께 나아가도록 도와주소서.

1월 14일

너희는 살인자가 그곳으로 피신할 수 있게
성읍 셋을 따로 떼어 놓아야 한다.
이웃을 실수로 죽인 자가
그곳으로 피신하면 살 수 있다.

신명 19.2–5 참조

   성모님은 "따로 떼어 놓은" 성읍이시므로 그분 안에서 피신처를 찾으십시오. 우리는 모세가 이웃을 실수로 죽인 자를 위하여 성읍 셋을 따로 떼어 놓은 것을 압니다.

   이제 주님은 성모님을 자비의 피신처로 세우셨습니다. 일부러 죄악을 저지른 자들도 그곳으로 피신할 수 있습니다. 성모님은 죄인들에게도 살아갈 힘을 주시고, 쉴 곳을 마련해 주십니다.

— 파도바의 안토니오 성인

성모님, 제가 어쩌다 하느님의 은총을 잃어버리거든, 주님께서 따로 떼어 놓은 성읍인 어머니께 달려가 피신할 수 있도록 도와주소서.

1월 15일

사람들아, 내가 너희를 부른다.
너희 인간들에게 내 목소리를 높인다.
어리석은 이들아, 영리함을 터득하여라.
우둔한 이들아, 마음을 깨쳐라.

잠언 8,4-5

   지상의 죄악에 마음이 물들지 않기를 바라는 사람은 우리의 어머니이신 복되신 동정 마리아께 그 마음을 맡겨 드려야 합니다.
   그러면 천국에서 그 마음을 다시 찾아 온갖 악에서 자유를 누릴 것입니다.

— 프란치스코 살레시오 성인

성모님, 제 마음을 어머니께 모두 맡겨 드립니다. 어머니의 기도로 온갖 죄악에서 지켜 주시고 하느님이신 당신 아드님과 영원토록 확고히 결합시켜 주소서.

1월 16일

혀로 말미암은 죽음은 고약한 죽음이고
혀보다는 차라리 저승이 낫다.
그러나 혀는 경건한 이들을 압도하지 못한다.
그들은 혀의 불꽃에 타지 않으리라.

집회 28,21-22

 성모님의 말씀은 신중하고 그분의 목소리는 차분했습니다.
 성모님은 소리치지 않으셨습니다. 다른 사람에게 나쁜 말은 애써 삼가셨으며, 나쁜 이야기는 일부러 듣지도 않으셨습니다.

— 아타나시오 성인

성모님, 성모님은 올바른 말의 모범이시니, 폭언은 물론 지나친 수다를 삼가도록 도와주소서. 올바른 말로 좋은 뜻을 나누며, 서로 혼란스럽게 하거나 상처를 입히지 않고, 다른 사람들을 도울 수 있도록 이끌어 주소서.

1월 17일

하느님께서 가브리엘 천사를 다윗 집안 요셉과 약혼한
처녀에게 보내셨는데, 그 처녀의 이름은 마리아였다.
천사가 마리아에게 말하였다.
"은총이 가득한 이여, 기뻐하여라.
주님께서 너와 함께 계시다."

루카 1,26-28 참조

  온 세상의 구원은 "은총이 가득하신 마리아님, 기뻐하소서!"로 시작되었습니다.
  그러므로 한 사람 한 사람의 구원 또한 이 성모송과 결부되어 있습니다.

— 루도비코 마리아 그리뇽 드 몽포르 성인

성모님, 아침이든 낮이든 밤이든 언제나 이 위대한 기도가 제 입술 위를 떠나지 않도록 해 주소서. 특히 제가 죽는 순간에 이 기도를 바칠 수 있는 은혜를 청하오니 들어주소서.

1월 18일

나는 지식과 현명함 속에 산다.
나에게는 조언과 통찰이 있다.
나는 예지이며 나에게는 힘이 있다.

잠언 8,12.14 참조

  우리가 성모님께 자신을 봉헌할 때에, 성모님이 하느님 손에 든 도구이시듯, 성모님 손에 든 도구가 됩니다.
  우리가 성모님의 인도를 따를 때에, 성모님은 우리의 육신과 영혼에 필요한 모든 것을 마련하시고, 온갖 걱정과 어려움을 이겨 내게 하실 것입니다.

— 막시밀리아노 마리아 콜베 성인

성모님, 어머니의 전구로 모든 어려움과 시련 속에서 예수님께 의지하도록 도와주소서. 어머니께 부르짖을 때 위로해 주시고 하느님이신 아드님께 저를 인도해 주소서.

1월 19일

나에게는 부와 영예가 있고
오래고 존귀한 재산과 번영도 있다.
내 열매는 금보다 순금보다 낫고
내 소출은 순수한 은보다 낫다.

잠언 8,18-19

　성모님은 성령이 충만한 은총으로 머무시는 아름다운 꽃줄기이십니다. 그러므로 성령 칠은을 얻고자 하는 사람은 그 줄기인 성모님 위에 있는 성령의 꽃을 찾아야 합니다.
　우리는 성모님을 통하여 예수님께 나아가며, 예수님을 통하여 성령의 은총을 얻습니다.

— 보나벤투라 성인

성령의 신부이신 성모님, 예수님을 통하여 성령께 나아가 넘치는 은총을 얻고, 성령 안에서 영원히 살도록 도와주소서.

1월 20일

전능하신 분이 나에게 큰일을 하셨으니,
그 이름은 거룩하신 분이시다.
그분 자비는 세세 대대로
그분을 두려워하는 이들에게 미치리라.

루카 1,49-50 참조

　우리를 심판하시는 분의 어머니이신 성모님은 우리에게도 자비가 넘치는 어머니이십니다.
　성모님은 우리를 보호해 주십니다. 우리가 그리스도께 가까이 머물도록 지켜 주시며, 우리 구원의 문제를 당신 책임으로 받아들이시어 그 책임을 충실히 이행하십니다.

― 베드로 가니시오 성인

성모님, 하느님께서는 어머니를 은총으로 가득 채우시고, 어머니의 아드님 그리스도와 함께 공동 구원자로 삼으셨습니다. 제가 모든 이의 구원을 도우시는 어머니께 끊임없이 의지하여 구원을 받게 하소서.

1월 21일

나는 영광스러운 백성 안에 뿌리를 내리고
나의 상속을 주님의 몫 안에서
차지하게 되었다.

집회 24,12

복되신 동정녀에 대한 신심을 받아들이지 않는 사람이 많을 것입니다. 그러나 이 은총을 받아들이고 간직하는 사람은 참으로 행복합니다.

성모 신심은 주님의 상속에 속하는 모든 사람 안에, 천국에서 영원히 주님을 찬양하게 될 모든 사람 안에 머뭅니다.

— 알폰소 마리아 데 리구오리 성인

성모님, 제 마음속에서 어머니를 향한 신심을 굳건하게 하시어, 하루도 빠짐없이 어머니를 향해 기도하며 묵상하게 하소서.

1월 22일

사랑하는 여러분,
우리는 이러한 약속들을 받았으니
육과 영의 모든 더러움에서
우리 자신을 깨끗이 하여, 하느님을 경외하며
온전히 거룩하게 됩시다.

2코린 7,1

   성모 신심이 깊은 사람들은 구원을 받을 뿐만 아니라 성모님의 전구로 위대한 성인이 될 것입니다.
   그들의 성덕 또한 나날이 자라날 것입니다.

— 빈첸시오 팔로티 성인

어머니이신 성모님, 어머니를 향한 깊은 신심을 주시어 성덕에 대한 목마름으로 이끌어 주소서. 그리하여 제 삶의 첫째 목적이 예수님께서 내려 주신 은총의 도움으로 거룩해지는 것임을 깨닫게 하소서.

1월 23일

빛이 너희 가운데에 있는 것도 잠시뿐이다.
빛이 너희 곁에 있는 동안에 걸어가거라.
그래서 어둠이 너희를 덮치지 못하게 하여라.
어둠 속을 걸어가는 사람은
자기가 어디로 가는지 모른다.

요한 12,35

    성모님께 나아가십시오. 성모님을 찬양하십시오. 그러면 빛을 받을 것입니다.
    성모님을 통하여 이 세상의 바다 위에 참빛이 빛나고 있습니다.

— 일데폰소 성인

성모님, 언제나 세상의 빛을 모시게 하소서. 어디로 가는지 알고 온갖 악을 피하도록 도우시어, 제가 사는 동안 항상 그리스도의 빛 속에서 걸어가게 하소서.

성 프란치스코 살레시오 주교 학자 기념일　　　　　1월 24일

행복하여라,
날마다 내 집 문을 살피고
내 대문 기둥을 지키는 사람!

잠언 8,34 참조

　저에게 가장 즐거운 일은 묵주 기도를 바치며 천상 어머니께 기도하는 것입니다.
　그것이 제 마음의 가장 순수한 기쁨입니다.

— 프란치스코 살레시오 성인

어머니이신 성모님, 날마다 어머니께 묵주 기도를 바치며 기도하게 해 주소서. 이를 제 마음의 가장 순수한 기쁨으로, 제 영혼의 가장 큰 즐거움으로 여기도록 도와주소서.

1월 25일   성 바오로 사도의 회심 축일

나의 자녀 여러분,
그리스도께서 여러분 안에 모습을 갖추실 때까지
나는 다시 산고를 겪고 있습니다.
내가 지금 여러분과 함께 있다면 참 좋겠습니다.

갈라 4,19-20 참조

  바오로 사도가 그의 자녀들 안에서 그리스도가 모습을 갖추실 때까지 진심에서 우러나오는 사랑과 배려로 그들을 거듭 태어나게 했다면, 성모님은 얼마나 더 많은 자녀들을 낳으셨겠습니까!
  훨씬 더 거룩하고 신적인 방식으로, 성모님은 바로 하느님의 말씀께 당신 자녀들을 낳아 드렸습니다.

— 이니의 계릭 복자

성모님, 성모님은 그리스도 안에서 저희를 낳으셨습니다. 그리스도를 형제로, 하느님을 아버지로, 성모님을 어머니로 모시는 사람에게 맞갖은 삶을 살도록 도와주소서.

1월 26일

인장처럼 나를 당신의 가슴에,
인장처럼 나를 당신의 팔에 지니셔요.
사랑은 죽음처럼 강하고 정열은 저승처럼 억센 것.
그 열기는 불의 열기 더할 나위 없이
격렬한 불길이랍니다.

아가 8,6

   사랑의 어머니, 성모님은 저에게 어머니의 마음을 주셨습니다.
   이제 제 마음을 단단히 차지하시어, 사랑하시는 아드님의 순수한 사랑과 유일한 영광에 제 마음을 온전히 바치길 바랍니다.

— 요한 외드 성인

성모님, 성모님은 모든 영적인 자녀를 끝없이 사랑하십니다. 이러한 어머니의 사랑을 본받고자 하오니, 현세에서 영원토록 어머니를 사랑하고, 하느님이신 아드님 예수님을 사랑하도록 이끌어 주소서.

1월 27일

너희는 와서 내 빵을 먹고 내가 섞은 술을 마셔라.
정녕 나로 말미암아 네가 살 날이 많아지고
너의 수명이 더해진다.

잠언 9.5.11

    우리는 우리를 대신하여 하느님을 생각하시는 분이라는 점을 빼고서는 결코 성모님을 생각할 수 없습니다.
    우리와 함께 일치하여 하느님을 찬미하고 찬양하시는 성모님을 빼고서는 결코 하느님을 찬미하고 찬양할 수 없습니다.

— 루도비코 마리아 그리뇽 드 몽포르 성인

성모님, 저희들에게 성모님을 전구자로 주신 하느님께 감사드립니다. 성모님과 협력하여 예수님께서 속량하러 오신 사람들의 영혼을 구원하며 하느님을 찬양하도록 도와주소서.

성 토마스 아퀴나스 사제 학자 기념일　　　　　　　　　　1월 28일

나는 다윗의 뿌리이며 그의 자손이고
빛나는 샛별이다.

묵시 22,16

　복되신 동정 마리아는 '바다의 별'이라 불리십니다.
　망망대해를 항해하는 사람들은 별을 주의 깊게 바라보며 항구로 찾아듭니다. 이와 마찬가지로, 그리스도인들은 계속 성모님을 바라보며 천상 영광으로 인도됩니다.

— 토마스 아퀴나스 성인

지상 어디서나 빛나는 샛별이신 성모님, 저에게도 아드님 은총의 빛이 비추게 하소서. 그리하여 마침내 무사히 천국에 이를 때까지 저를 사랑으로 인도해 주소서.

1월 29일

그대는 내 마음을 사로잡았소.
한 번의 눈짓으로, 그대 목걸이 한 줄로
내 마음을 사로잡았소.

아가 4,9

    위험에 처하거나 고뇌나 의혹 속에 있을 때에, 성모님을 생각하고 그분을 부르십시오!
    성모님을 따라가면, 결코 길을 잃지 않을 것입니다. 성모님께 기도하면, 결코 절망에 빠지지 않을 것입니다. 성모님을 바라보면, 결코 잘못되지 않을 것입니다.

— 베르나르도 성인

성모님, 제 마음과 생각이 언제나 성모님만을 바라보게 해 주소서. 나자렛에서 사실 때 아기 예수님을 보살피셨듯이, 저를 보살펴 주소서.

1월 30일

나를 사랑하는 이들을 나는 사랑해 주고
나를 찾는 이들을 나는 만나 준다.

잠언 8,17

    성모님의 손에 자기 자신을 맡겨 드리는 이들은 행복합니다.
    그들의 이름이 생명의 책에 쓰여 있습니다.

— 보나벤투라 성인

성모님, 저 자신을 성모님의 손에 맡기며, 제 몸과 마음을, 제 생각과 행동을, 제 삶과 죽음을 어머니께 바치오니, 모든 것 위에 예수님을 사랑하도록 도와주소서.

1월 31일   성 요한 보스코 사제 기념일

내 아들아, 너는 내 가르침을 잊지 말고
너의 마음이 내 계명을 지키게 하여라.
그것들이 너에게 장수와 수명을,
그리고 행복을 더해 주리라.

잠언 3,1-2

  성모님이 참하느님이시고 참인간이신 예수님의 어머니가 되셨을 때에, 그분은 또한 우리의 어머니도 되셨습니다.
  예수님은 크신 자비로 우리를 당신의 형제자매라고 부르기를 바라셨으며, 바로 이 이름으로 그분은 우리를 성모님의 자녀로 세우셨습니다.

— 요한 보스코 성인

성모님, 어머니이신 성모님께 그리고 저희를 형제자매로 부르신 예수님께 저를 바치오니, 하느님이신 아드님의 가르침을 따르도록 도와주소서.

2월 1일

길을 지나가는 모든 이들이여
살펴보고 또 보시오.
내 아픔 같은 것이 또 있는지.

애가 1,12 참조

   인간은 결코 성모님의 슬픔을, 그 엄청난 고통을 충분히 이해할 수 없을 것입니다.
   극소수의 그리스도인들만이 그 고통을 나누어 받고, 그보다 더 적은 사람들이 성모님께 얼마쯤 위로를 드릴 것입니다.

— 비르지타 성녀

성모님, 성모님께 커다란 슬픔이 따르는 구원 활동에서 언제나 어머니 편에 머물고, 어머니의 고통을 함께 아파하며 어머니와 함께 슬퍼하도록 이끌어 주소서.

주님 봉헌 축일   2월 2일

너희가 찾던 주님,
그가 홀연히 자기 성전으로 오리라.
너희가 좋아하는 계약의 사자 보라, 그가 온다.
— 만군의 주님께서 말씀하신다. —

말라 3,1

  예수님을 성전에 바친 주님 봉헌 축일은, 그리스도가 이루신 구원의 신비를 기리는 날입니다.
  복되신 동정 마리아는 고난받는 주님 종의 어머니로서, 고대 이스라엘의 사명을 수행하시는 분으로서, 그리고 새로운 하느님 백성의 전형으로서 이 구원의 신비에 밀접하게 결합되셨습니다.

— 바오로 6세 성인 교황

성모님, 성모님은 아드님을 성전에 바치실 때 기쁨과 슬픔을 느끼셨습니다. 하느님께서는 저희 구원을 위하여 모든 일을 하시므로, 저희가 온갖 슬픔과 기쁨을 차분하게 받아들이도록 가르쳐 주소서.

2월 3일

정녕 주님 아니시면 어느 누가 하느님이며
우리 하느님 아니시면 누가 반석이 되리이까?
하느님은 내게 힘을 실어 주시고
내 길을 온전히 닦아 주셨네.

시편 18,32-33

    성령은 모든 단순한 사람 안에 온갖 덕행과 완덕을 빚어 놓으셨고, 우리는 성모님을 이러한 덕행과 완덕의 완전한 모범으로 바라보아야 합니다.

    그러할 때 우리는 우리 한 사람 한 사람에게 알맞은 방식으로 성모님을 본받을 수 있습니다.

— 루도비코 마리아 그리뇽 드 몽포르 성인

성모님, 성모님은 모든 덕행의 모범이십니다. 하느님께서 바라시는 대로 어머니의 삶을 배우고 어머니의 덕행을 본받도록 도와주소서.

2월 4일

자애와 진실이 서로 만나고
정의와 평화가 입을 맞추리라.
진실이 땅에서 돋아나고
정의가 하늘에서 굽어보리라.

시편 85,11-12

성모님은 가장 진실하신 동정녀이시며, 시편 작가의 말대로, 진실이 돋아나는 땅이십니다.

우리도 마음과 언행과 모든 일에서 진실해지도록, 성모님이 은총을 베풀어 주시기를 바랍니다.

— 발루아의 요안나 성녀

진실의 어머니이신 성모님, 제가 진리를 깨달아, 언제나 진리를 사랑하고 진실을 말하며, 진리에 따라 살게 해 주소서.

2월 5일

마리아가 말하였다.
"보십시오, 저는 주님의 종입니다.
말씀하신 대로 저에게 이루어지기를 바랍니다."

루카 1,38

저 겸손을 보십시오. 저 신심을 보십시오. 주님의 어머니로 선택되신 분이 스스로를 "주님의 종"이라고 하십니다!

그토록 드높은 지위에 오르리라는 약속에도 결코 교만해지지 않으십니다. 성모님은 은총으로 거저 받은 것을 당연한 권리로 여기지 않으십니다.

— 암브로시오 성인

성모님, 성모님은 하느님의 어머니가 되시는 커다란 은총을 받으셨음에도 겸손하게 머무셨습니다. 어머니를 본받아 어떠한 상황에서도 겸손해지도록 도와주소서.

2월 6일

그러니 이제, 아들들아, 내 말을 들어라.
내 교훈을 들어 지혜로워지고
그것을 가볍게 여기지 마라.

잠언 8,32-33 참조

   지극히 거룩하신 성모님, 성모님을 통하지 않고서는 아무도 하느님을 알 수 없습니다. 하느님의 어머니, 어머니를 통하지 않고서는 아무도 속량과 구원을 받을 수 없습니다.
   은총이 가득하신 어머니, 어머니를 통하지 않고서는 아무도 하느님의 자비를 입을 수 없습니다.

— 제르마노 성인

성모님, 예수님을 더 많이 알려 주소서. 제가 아드님을 알아 가면서, 하느님 아버지 또한 알게 하시어, 예수님께서 말씀하신 영원한 생명을 얻게 하소서.

2월 7일

자, 내가 네 말대로 해 주겠다.
이제 너에게 지혜롭고 분별하는 마음을 준다.
너 같은 사람은 네 앞에도 없었고,
너 같은 사람은 네 뒤에도 다시 나오지 않을 것이다.

1열왕 3,12

   성모님은 교회 안에 머물러 계시며, 어머니의 사랑으로 그 안에 현존하십니다.
   성모님은 당신 아드님의 신비체인 교회가 살아가는 모든 일을, 그리고 그리스도께 구원받은 인류 가족과 모든 사람이 살아가는 일을 모두 당신의 성심 안에 끊임없이 간직하고 계십니다.

— 요한 바오로 2세 성인 교황

교회의 어머니이신 성모님, 모든 신자들의 삶을 어머니의 성심 안에 간직하시고, 저희 한 사람 한 사람을 보살펴 주소서.

2월 8일

그들이 부르기도 전에 내가 대답하고
그들이 말을 마치기도 전에 내가 들어 주리라.

이사 65,24

성모님은 모든 성인보다 더 빨리 우리를 도우러 오십니다. 그분은 언제나 우리를 위로하고자 하십니다.
우리가 성모님을 부르는 순간, 성모님은 우리 기도를 따뜻하게 받아들이시어, 우리를 힘껏 도와주십니다.

― 알폰소 마리아 데 리구오리 성인

성모님, 성모님은 언제나 저희 기도를 들어주십니다. 저희가 평생 어머니와 함께 머물게 하시고, 유혹이나 시련을 겪을 때 어머니의 도움을 찾게 하소서.

2월 9일

주님께서는 그 옛날 모든 일을 하시기 전에
당신의 첫 작품으로 나를 지으셨다.
나는 한처음 세상이 시작되기 전에
영원에서부터 모습이 갖추어졌다.

잠언 8,22—23

   성령은 예언자들의 입으로 마리아에 대해 말씀하셨습니다. 성령의 신탁으로 마리아에 대해 예언하시고, 그분의 모습을 초상화로 그리셨습니다.
   성령은 마리아에 앞선 사건들 안에서 마리아를 약속하시고, 마리아 뒤의 사건들 속에서 마리아의 초상화를 완성하셨습니다.

— 일데폰소 성인

성모님, 성모님은 태어나시기 전에도 그 뒤에도 하느님의 놀라운 섭리를 따르셨습니다. 하느님의 섭리가 제 삶과 이 세상의 모든 사건을 이끌어 간다는 것을 깨닫도록 이끌어 주소서.

2월 10일

하늘에 큰 표징이 나타났습니다.
태양을 입고 발밑에 달을 두고
머리에 열두 개 별로 된 관을 쓴
여인이 나타난 것입니다.

묵시 12,1

성모님은 동정녀들의 영광이시고, 어머니들의 기쁨이시며, 신자들의 보호자이시고, 교회의 화관이십니다.
성모님은 진정한 신앙의 전형이시고, 신심의 옥좌이시며, 덕행의 예복이시고, 성령의 궁전이십니다.

— 프로클로 성인

성모님, 성모님은 하느님이신 당신 아드님 안에서 진정한 신앙인을 낳기를 열망하시니, 제가 평생토록 예수님을 따라 살다가 천국에서 어머니와 함께 영원한 행복을 누리도록 도와주소서.

2월 11일   루르드의 복되신 동정 마리아

네가 세운 이 집을 성별하여
이곳에 내 이름을 영원히 두리니,
내 눈과 내 마음이 언제나 이곳에 있을 것이다.
1열왕 9,3

  루르드만큼, 자신을 잊고 기도하며 사랑해야 하겠다는 마음이 드는 곳은 없습니다. 뜨거운 열정을 지닌 사람들은 루르드에서 하느님을 섬기고자 자신을 온전히 봉헌하는 삶에 이끌립니다.

  열정이 덜한 사람들은 루르드에서 미지근한 자신을 깨닫고 기도하는 방법을 다시 찾습니다. 완고한 죄인들이나 비신자들도 자주 은총을 받습니다.

— 비오 12세 교황

성모님, 이 지상 여정을 위하여 날마다 영적인 힘을 얻을 수 있는 작은 루르드로 제 마음을 이끌어 주소서.

2월 12일

> 내가 테레빈 나무처럼 가지를 사방에 뻗으니
> 그 가지는 찬란하고 우아하다.
> 내가 친절을 포도 순처럼 틔우니
> 나의 꽃은 영광스럽고 풍성한 열매가 된다.
>
> 집회 24,16-17

  성모님의 은총은 참으로 뛰어나며 흘러넘치도록 풍성합니다.

  그 은총으로 성모님은 하늘에 영광을 드리고, 지상에 하느님을 낳아 주셨으며, 천사들을 기쁨으로 채우시고, 세상에 평화를 가져다주셨습니다.

— 라우렌시오 유스티니아노 성인

성모님, 모든 은총이 성모님 안에 있으며, 성모님은 그리스도의 은총을 여는 열쇠를 지니고 계십니다. 어느 때나 제 삶에 필요한 모든 은총을 베푸시고, 제가 그 은총에 충실히 협력하도록 도와주소서.

2월 13일

야곱은 꿈을 꾸었다.
그가 보니 땅에 층계가 세워져 있고
그 꼭대기는 하늘에 닿아 있는데,
하느님의 천사들이 그 층계를 오르내리고 있었다.

창세 28,12 참조

  성모님은 참으로 천국에 오르는 계단이라고 불리실 것입니다.

  성모님을 통하여 하느님이 세상으로 내려오셨으니, 우리도 성모님을 통하여 땅에서 하늘로 올라갈 것입니다.

— 풀젠시오 성인

성모님, 성모님은 저희가 낙원으로 올라가는 계단이십니다. 제가 하루하루 천국에 더 가까이 오르며 살다가 마침내 영원한 지복직관至福直觀을 얻도록 이끌어 주소서.

2월 14일

당신께 피신하는 이들 모두 즐거워하며
영원토록 환호하리이다.
당신 이름을 사랑하는 이들 당신이 감싸시니
그들은 당신 안에서 기뻐하리이다.

시편 5.12

   슬프고 고통스러울 때에는 성모님께, 어머니께 다가가 의탁하십시오.
   어머니가 우리의 의지를 굳세게 하시고, 영혼의 상처를 치유하시며, 새로운 용기를 주실 것입니다.

— 프랑수아 리베르만 가경자

성모님, 제 모든 것을 어머니께 맡겨 드리오니, 온갖 어려움을 겪으며 나약해질 때에도 언제나 함께 머무소서. 결코 저를 저버리지 마시고, 스러져 가는 제 용기를 새롭게 하소서.

2월 15일

너는 기도할 때
골방에 들어가 문을 닫은 다음,
숨어 계신 네 아버지께 기도하여라.
그러면 숨은 일도 보시는 네 아버지께서
너에게 갚아 주실 것이다.

마태 6,6

성모님의 온 삶은 하나의 끊임없는 대화였습니다.
그것은 하늘에 계신 하느님 아버지, 그리고 하느님이시며 그분의 신랑이신 성령과 나누시는 대화였습니다.

— 프란치스코 살레시오 성인

기도의 표양이신 성모님, 저에게 기도하는 법을 가르쳐 주소서. 그리하여 날마다 시간을 내어, 하느님 아버지와 성령과 당신 아드님이신 성자 예수님과 대화를 나누도록 도와주소서.

2월 16일

지혜와 함께 좋은 것이 다 나에게 왔다.
지혜의 손에 헤아릴 수 없이
많은 재산이 들려 있었다.
지혜가 그 어머니이므로
나는 그 모든 것을 즐겼다.

지혜 7,11-12

성모님은 모든 은총의 어머니이시며 분배자이십니다.
이 위대하신 모후의 모든 종은 이렇게 말해야 할 것입니다. "성모님께 봉헌하는 제 신심에 감사를 드립니다. 저는 온갖 복을 받아 왔습니다."

— 안토니오 성인

성모님, 저는 성모님을 통하여 하느님께서 베푸시는 온갖 좋은 것을 다 받고 있습니다. 어머니께 제 비천한 감사를 바치며 청하오니, 저를 대신하여 하느님이신 당신 아드님께 감사를 전해 드리소서.

2월 17일

딸 시온에게 말하여라.
"보라, 너의 구원이 다가온다.
보라, 그분의 상급이 그분과 함께 오고
그분의 보상이 그분 앞에 서서 온다."

이사 62,11

마리아는 신뢰로 주님께 구원을 바라고 받는 주님의 비천하고 가난한 사람들 가운데에서 빼어난 분이십니다.
빼어난 시온의 딸인 이 여인과 더불어 때가 차고 새로운 구원 계획이 시작되었습니다.

— 제2차 바티칸 공의회 문헌, 교회에 관한 교의 헌장 〈인류의 빛〉, 55항 참조

성모님, 성모님은 겸손하시면서도, 주님의 빼어난 따님이십니다. 하느님이신 당신 아드님께서 매우 소중하게 여기시는 참된 겸손을 저에게도 가르쳐 주소서.

2월 18일

끊임없이 기도하십시오.
모든 일에 감사하십시오.
이것이 그리스도 예수님 안에서 살아가는
여러분에게 바라시는 하느님의 뜻입니다.

1테살 5,17-18

    성모님은 지상에 계시는 동안 끊임없이 기도하며 사셨습니다.

    그러므로 성모님께 봉헌된 모든 이는 기도해야 합니다. 끊임없이 기도해야 합니다.

— 루도비코 마리아 그리뇽 드 몽포르 성인

성모님, 성모님은 기도의 비결을 알고 계십니다. 제가 아는 것보다 훨씬 더 많은 것을 기도로 이룰 수 있다는 확신을 주소서. 그리고 기도 생활을 게을리할 때마다 온유하게 기도로 이끌어 주소서.

2월 19일

어둠의 골짜기를 간다 하여도
당신 함께 계시오니 두려울 것 없나이다.
당신의 막대와 지팡이
저에게 위안이 되나이다.

시편 23.4

착하신 목자의 어머니이시며 우리 어머니이신 성모님은 당신 자녀들을 위하여 온갖 좋은 것을 다 얻어 주시는 분으로 알려지셨습니다.

언제나 우리가 의탁하는 성모님이 우리 희망이 되어 주시기를 빕니다!

— 제르마노 성인

성모님, 성모님은 하느님이신 당신 아드님의 양 떼를 끊임없이 지켜 주십니다. 언제나 저희 곁에서 확고한 도움을 베푸시어, 착하신 목자를 가까이 따라 살다가 영원히 주님의 집에 머물게 해 주소서.

2월 20일

행복하십니다,
주님께서 하신 말씀이
이루어지리라고 믿으신 분!

루카 1.45

    성모님은 그리스도의 몸을 잉태하시어 복을 받으셨습니다.
    그러나 그분은 그리스도의 믿음을 받아들이시어 더 많은 복을 받으셨습니다.

— 아우구스티노 성인

성모님, 성모님은 "믿으신 동정녀"로 영원히 칭송을 받으십니다. 어머니가 보여 주신 그 믿음을 제게도 주시어, 날마다 하느님 말씀을 믿고 따르도록 도와주소서.

2월 21일 　　　　　　　　　　　　　　　　성 베드로 다미아니 주교 학자

내가 진실로 진실로 너희에게 말한다.
나는 하늘에서 내려온 살아 있는 빵이다.
누구든지 이 빵을 먹으면 영원히 살 것이다.
요한 6,47.51

　　바로 성모님을 통하여, 우리는 날마다 천상 양식을 먹을 수 있습니다.
　　성모님의 전구를 통하여, 하느님은 우리에게 천상 양식을 받도록 재촉하시고 또 그 빵을 합당하게 모실 수 있는 은총을 베푸십니다.

— 베드로 다미아니 성인

성모님, 어머니는 성체의 성모님이십니다. 제가 미사에 온전히 참여하고 영성체 때 어머니의 아드님 예수님의 몸과 피를, 그분의 영혼과 신성을 되도록 자주 받아 모시도록 이끌어 주소서.

성 베드로 사도좌 축일 — 2월 22일

> 너는 베드로이다.
> 내가 이 반석 위에 내 교회를 세울 터인즉,
> 저승의 세력도 그것을 이기지 못할 것이다.
>
> 마태 16,18

베드로 사도는 인간들의 어머니인 교회를 맡았지만, 요한 사도는 하느님의 어머니이신 성모님을 맡았습니다.

요한 사도는 성모님을 자신의 친어머니처럼 사랑했고, 성모님은 그를 당신의 친아들처럼 사랑하셨습니다.

— 베드로 다미아니 성인

성모님, 성모님은 하느님의 어머니이시며 또한 교회의 어머니이시오니, 저를 어머니 가까이에 두시어, 하느님의 참된 자녀가 되고 거룩한 교회의 충실한 지체가 되게 하소서.

2월 23일

천사가 마리아에게 대답하였다.
"성령께서 너에게 내려오시고,
지극히 높으신 분의 힘이
너를 덮을 것이다."

루카 1,35

불이 쇠를 녹이듯이, 성령은 마리아께 뜨겁게 불을 지르시어 녹이셨습니다.

그러기에 성령의 불꽃은 바로 하느님 사랑의 불로 보였습니다.

— 일데폰소 성인

성모님, 성모님은 성령의 힘으로 또 하느님을 향한 넘치는 사랑으로 가득 차 계셨습니다. 저도 성모님을 본받아 하느님을 향한 더 큰 사랑을 지니고자 하오니, 자주 기도하고 헌신적인 신앙생활을 하도록 이끌어 주소서.

2월 24일

술을 폭음하는 자들과
고기를 폭식하는 자들과 어울리지 마라.
폭음가와 폭식가는 가난해지고
늘 술에 취하면 누더기를 걸치게 된다.

잠언 23,20-21

   성모님이 음식을 절제하지 않으셨더라면, 결코 그 엄청난 은총을 받지 못하셨을 것입니다.
   은총과 탐욕은 함께할 수 없기 때문입니다.

— 베르나르도 성인

성모님, 음식을 절제하는 모범이셨던 어머니를 본받아, 온갖 탐욕을 삼가며 제 안에 계신 예수님의 은총과 협력하도록 도와주소서.

2월 25일

누가 그대를 남다르게 보아 줍니까?
그대가 가진 것 가운데에서
받지 않은 것이 어디 있습니까?
모두 받은 것이라면 왜
받지 않은 것인 양 자랑합니까?

1코린 4,7

　성모님께 겸허한 영혼들은 얼마나 사랑스럽습니까! 성모님은 당신을 사랑하는 이들을 알아보고 사랑하시며, 당신께 간청하는 모든 사람들 곁에 계십니다.
　이는 특히 성모님이 보시기에, 정결과 겸손으로 성모님을 닮은 사람들에게 그러하십니다.

— 베르나르도 성인

성모님, 성모님은 저희가 위대하신 하느님 앞에 설 때 얼마나 미천한 존재인지를 아시기에, 겸손을 사랑하십니다. 주님께서 넘치도록 베푸신 은혜에 언제나 겸손한 마음으로 감사를 드리게 해 주소서.

2월 26일

주어라. 그러면 너희도 받을 것이다.
넘치도록 후하게 되어
너희 품에 담아 주실 것이다.
너희가 되질하는 바로 그 되로
너희도 되받을 것이다.

루카 6,38

　하느님의 어머니가 말씀하십니다. "내 사랑을 눈여겨보고 나를 본받아, 다른 사람들에게 그 사랑을 실천하는 사람은 행복하다."
　이웃에 대한 우리의 사랑은 나중에 하느님과 성모님이 우리에게 보여 주실 잣대가 될 것입니다.

— 알폰소 마리아 데 리구오리 성인

성모님, 성모님은 언제나 다른 사람들에게 참된 사랑을 보여 주셨습니다. 그리스도 안에서 모든 사람은 서로 형제자매이므로, 다른 사람에 대한 편견을 극복하고 모든 사람을 사랑할 수 있도록 도와주소서.

2월 27일

기억하소서, 주님,
저희 고난의 때에 당신 자신을 알리소서.
저에게 용기를 주소서, 신들의 임금님,
모든 권세의 지배자시여!

에스 4,17(23)

성모님이 지상에 계실 때에 고통받는 사람들에 대한 그분의 자비는 대단하셨습니다.

그리고 천상에 계시는 지금, 성모님은 인간이 겪는 온갖 불행을 더 잘 보고 계시기에, 그분의 자비 또한 훨씬 더 크십니다.

— 보나벤투라 성인

성모님, 성모님은 이 세상에서 고통받는 사람들을 끊임없이 도우러 오십니다. 제가 지상에서 귀양살이를 하는 동안 저를 위하여 빌어 주시고, 영원한 천상 복락을 누리도록 안전하게 이끌어 주소서.

2월 28일

저는 하느님 곁에 있어 행복하옵니다.
주 하느님을 피신처로 삼아
당신의 모든 업적 알리리이다.

시편 73,28

희망은 믿음 안에서 자라납니다. 하느님은 믿음으로 우리를 비추시어 당신이 하신 약속과 당신의 호의를 알게 하십니다. 또한 당신을 모시고 살겠다는 열망을 희망으로 일으켜 세우십니다.

성모님은 매우 드높은 믿음의 덕을 지니고 계셨기에, 또한 그토록 드높은 희망을 지니고 계셨습니다.

— 알폰소 마리아 데 리구오리 성인

희망의 어머니이신 성모님, 제가 결코 절망하지 않도록 도와주소서. 온갖 어려움 속에서도 오직 하느님의 약속에 의지하고, 모든 희망을 온전히 하느님께 두도록 이끌어 주소서.

2월 29일

그 무렵에 마리아는 길을 떠나,
서둘러 유다 산악 지방에 있는 한 고을로 갔다.

루카 1,39

성모님은 당신 자녀들을 잊지 않으시기에 늘 서둘러 오십니다. 당신 자녀들이 어려움에 처했을 때, 도움이 필요할 때 자녀들은 그분을 부르고 그분은 서둘러 오십니다.

이 사실은 우리에게 안정감을 줍니다. 우리 곁에, 우리 옆에 늘 어머니가 함께하신다는 안정감 말입니다. 우리의 삶 가까이에 어머니가 계실 때, 우리는 힘을 얻어 더 멀리 갈 수 있습니다.

— 프란치스코 교황

성모님, 제가 어려움을 겪거나 간절한 도움이 필요할 때, 서둘러 오시어 함께해 주시고, 앞으로 나아갈 수 있도록 도와주소서.

3월 1일

오색 옷 단장하고 임금님께 나아가는구나.
처녀들이 뒤따르며 동무들도 오는구나.
기쁨과 즐거움에 이끌려
임금님 궁전으로 들어가는구나.

시편 45,15-16

   성모님을 "동정녀 중의 동정녀"라고 부르는 것은 당연합니다. 그분은 다른 사람의 조언이나 모범을 따르지 않고서, 하느님께 당신의 동정을 바친 최초의 인간이셨습니다.
   다윗 임금이 예언한 대로(시편 45편 참조), 성모님은 당신을 본받는 모든 동정녀를 하느님께 인도하셨습니다.

— 대 알베르토 성인

동정녀 중의 동정녀이신 성모님, 제가 제 분수에 충실하게 살게 하소서. 무엇보다 하느님과 일치하여 사는 가장 좋은 방법인 순결을 소중히 지키게 하소서.

3월 2일

주 우리 하느님은 한 분이신 주님이시다.
그러므로 너는 마음을 다하고
목숨을 다하고 정신을 다하고 힘을 다하여
주 너의 하느님을 사랑해야 한다.

마르 12,29-30

성모님은 언제나 하느님 사랑으로 불타고 계시어, 지상의 것들은 그분의 마음에 들어갈 수가 없었습니다.

그분은 언제나 하느님의 천상 열정으로 불타오르셨으며, 그 천상 열정에 취해 계셨습니다.

— 소프로니오 성인

성모님, 사랑에 가득 찬 어머니 영혼의 눈은 끊임없이 하느님을 바라보고 계셨습니다. 저도 온 힘을 다해 오롯한 마음으로 하느님을 바라보고 사랑하도록 도와주소서.

3월 3일

나는 만물을 지으시는 그분 곁에 있었다.
나는 날마다 그분께 즐거움이었고
언제나 그분 앞에서 뛰놀았다.
나는 그분께서 지으신 땅 위에서 뛰놀았다.

잠언 8,30-31 참조

하느님은 마리아의 겸손을 보시고 매우 기뻐하시며 호의를 베푸시어, 당신 외아드님이신 말씀을 마리아께 맡기셨습니다.

바로 그 사랑스러우신 어머니가 우리에게 그 말씀을 낳아 주셨습니다.

— 시에나의 가타리나 성녀

겸손의 어머니이신 성모님, 하느님이신 당신 아드님께 나아가는 겸손을 가르쳐 주소서. 또한 제가 가진 것을 모두 예수님께 바치며 그분의 영광을 위하여 모든 일을 하도록 이끌어 주소서.

번제물과 속죄 제물을
당신께서는 기꺼워하지 않으셨습니다.
그리하여 제가 아뢰었습니다.
"보십시오, 하느님! 두루마리에 저에 관하여
기록된 대로 저는 당신의 뜻을 이루러 왔습니다."
히브 10,6-7

   이 세상에서 성모님의 유일한 목적은 끊임없이 하느님만을 바라보며 하느님의 뜻을 찾는 것이었습니다.
   그리고 하느님이 원하시는 것을 찾아내 그분의 뜻대로 실행하셨습니다.

— 시에나의 베르나르디노 성인

성모님, 성모님은 예수님의 구원 활동 안에서 하느님 아버지와 협력하시며 아버지께 순종하는 딸이십니다. 성모님을 본받아 어떠한 상황에서도 하느님의 뜻을 찾아 기꺼이 이루도록 도와주소서.

3월 5일

하느님은 사랑이십니다.
사랑 안에 머무르는 사람은
하느님 안에 머무르고
하느님께서도 그 사람 안에 머무르십니다.
이렇게 사랑이 우리에게서 완성되었습니다.

1요한 4,16-17 참조

   성모님의 마음은 하느님의 사랑을 위하여 세워졌습니다. 그곳은 언제나 하느님의 사랑이 다스리는 완전한 나라였습니다.

   그 나라에서는 하느님의 모든 법이 다스리고, 천상의 모든 금언이 실현되며, 그리스도교의 모든 덕행이 이루어지게 되었습니다.

— 요한 외드 성인

성모님, 성모님의 성심은 하느님의 사랑이 불타오르는 그릇입니다. 하느님을 향한 사랑으로 제 마음을 가득 채우시어, 저희 구원을 위하여 외아드님을 보내신 하느님의 크신 사랑에 날마다 감사드리게 해 주소서.

3월 6일

너희는 은이 아니라 내 교훈을 받고
순수한 금이 아니라 지식을 받아라.
지혜는 산호보다 낫고
온갖 귀중품도 그것에 비길 수 없다.

잠언 8,10-11

하느님의 손가락으로 쓰인, 마리아라는 순결의 책을 주의 깊게 읽으십시오.

성덕과 사랑, 자애와 겸손을 읽으십시오. 간단히 말해서, 온갖 덕행이 가득 찬 그 책을 읽으십시오.

— 빌라노바의 토마스 성인

성모님, 제가 신앙생활을 해 나가는 법을 어머니께 배우도록 도와주소서. 어머니는 지상에서 하느님이신 당신 아드님을 가장 가까이 따르셨으니, 어머니가 보여 주신 모든 덕을 열심히 본받게 해 주소서.

3월 7일

예수님께서는 낙심하지 말고
끊임없이 기도해야 한다는 뜻으로
제자들에게 비유를 말씀하셨다.

루카 18,1

   예수 그리스도 다음으로, 성모님은 이제까지 또 앞으로도 모든 사람의 기도에서 가장 완전한 분이셨습니다.
   성모님의 기도는 끊임없고 끈기 있는 기도였습니다.

— 대 알베르토 성인

성모님, 성모님은 기도의 전형이십니다. 어머니가 하신 대로 아침이든 낮이든 밤이든, 마음이 기쁠 때든 슬플 때든 끊임없이 기도하도록 이끌어 주소서.

3월 8일

너희 가운데에서 가장 높은 사람은
너희를 섬기는 사람이 되어야 한다.
누구든지 자신을 높이는 이는 낮아지고
자신을 낮추는 이는 높아질 것이다.

마태 23,11-12

하느님의 아드님 말고는, 세상의 어떠한 사람도 성모님처럼 드높여지지 못했습니다.
세상의 어떠한 사람도 성모님이 스스로 낮추신 것처럼 그렇게 자신을 낮추지 않았기 때문입니다.

— 시에나의 베르나르디노 성인

성모님, 성모님은 모든 사람 가운데에서 가장 겸손하셨기에 모든 사람 위에 드높여지셨습니다. 저도 어머니의 겸손을 본받아, 언젠가 천국에서 현양을 받으신 어머니와 함께 기쁨을 누리게 해 주소서.

3월 9일

그곳에 큰길이 생겨 '거룩한 길'이라 불리리니
부정한 자는 그곳을 지나지 못하리라.
구원받은 이들만 그곳을 걸어가리라.

이사 35,8-9

　복되신 동정 마리아는 제가 거룩한 삶을 살다가 거룩한 죽음으로 떠나도록 도와주소서.
　제 삶의 마지막 순간에, 어머니가 도우시어 천국으로 데려가소서.

— 도미니코 사비오 성인

성모님, 성모님은 도미니코 사비오 성인을 지상의 그 짧은 생애 동안 "거룩한 길"로 인도하셨습니다. 저도 이 거룩한 길을 따르도록 이끄시어, 언젠가 천국의 영원한 성덕 안에서 어머니와 성인과 함께 살게 해 주소서.

3월 10일

여러분도 상을 받을 수 있도록 달리십시오.
모든 경기자는 모든 일에 절제를 합니다.
나는 내 몸을 단련하여 복종시킵니다.
다른 이들에게 복음을 선포하고 나서,
나 자신이 실격자가 되지 않으려는 것입니다.

1코린 9,24-25.27 참조

성모님을 사랑하는 사람들은 자기 내면에서 반드시 감각의 욕구를 가라앉혀야 합니다.

또한 어지러운 욕정의 갈망이 잠잠해지도록 스스로를 다스려야 합니다.

— 요한 외드 성인

성모님, 성모님은 세상에 가득한 유혹을 잘 아십니다. 제 나쁜 욕망을 다스리며 수덕을 쌓도록 도우시어 하느님이신 당신 아드님과 결합시켜 주소서.

3월 11일

거룩한 산 위에 세운 그 터전,
주님이 사랑하시니 하느님의 도성아
너를 두고 영광을 이야기하는구나.

시편 87,1-3 참조

성모님에 관하여 예언자들이 미리 알려 주고, 옛 조상들이 그분의 표상과 예형의 전조를 보여 주었습니다.

성모님을 복음사가들이 기록하여 전했으며, 천사들은 성모님께 매우 정중하게 하례를 드렸습니다.

— 소프로니오 성인

성모님, 성경은 "하느님의 도성"이나 "유딧"과 같은 표상과 예형으로 성모님에 관하여 많은 것을 알려 줍니다. 제가 성모 신심을 지니고 성경을 찾아 읽으며, 성모님에 관하여 더 많은 것을 배우도록 가르쳐 주소서.

3월 12일

누가 주님의 산에 오를 수 있으랴?
누가 그 거룩한 곳에 설 수 있으랴?
손이 깨끗하고 마음이 결백한 이라네.

시편 24,3-4

우리가 성모님이 아니면 누구를 바라보겠습니까?
성모님의 지극히 순결한 광채가 이 가련한 세상을 비추고, 성모님이 그 순결한 기운으로 감싸 세상을 씻어 주십니다.

— 비오 12세 교황

성모님, 성모님은 원죄에 물들지 않고 잉태되신 분이시며, "더럽혀진 우리 본성의 유일무이한 자랑"이십니다. 저도 어머니처럼 결백한 마음과 깨끗한 손을 지니고 살다가 천국에서 주님의 산에 오를 수 있도록 도와주소서.

3월 13일

말이든 행동이든 무엇이나
주 예수님의 이름으로 하면서,
그분을 통하여 하느님 아버지께
감사를 드리십시오.

콜로 3,17

    우리의 행동은 모두 마리아를 통하여, 마리아와 함께, 마리아 안에서 이루어져야 합니다.
    그렇게 하여 우리는 예수님을 통하여, 예수님과 함께, 예수님 안에서 모든 것을 성취하게 될 것입니다.

— 루도비코 마리아 그리뇽 드 몽포르 성인

성모님, 티 없이 깨끗하신 성모님의 성심을 통하여 제 모든 기도와 모든 일과 고통을 예수님께 바치오니, 저를 어여삐 여기시어 이끌어 주소서.

3월 14일

당신은 저의 하느님
당신 뜻 따르라 저를 가르치소서.
당신의 영은 선하시니
평탄한 길로 저를 인도하소서.

시편 143,10

이 충실한 종은 생각으로든 말이든 행동으로든 지극히 높으신 분을 결코 거스르지 않으셨습니다.
성모님은 당신 자신의 뜻을 완전히 버리시고, 언제나 모든 일에서 하느님의 뜻에 순종하며 사셨습니다.

— 빌라노바의 토마스 성인

성모님, 성모님은 언제나 하느님께 순종하셨습니다. 하느님의 뜻을 실천하는 것이 제 행복이오니, 아무리 어렵게 보이는 일이라도, 가장 작은 일이라도 하느님 뜻에 순종하도록 도와주소서.

3월 15일

저를 위해 누가 하늘에 계시나이까?
당신과 함께라면 세상에서 바랄 것
아무것도 없나이다.
하느님은 제 마음의 반석
영원히 제 몫이옵니다.

시편 73,25-26 참조

하느님의 사랑은 마리아의 영혼을 어느 한 부분도 빠짐없이 속속들이 가득 채웠습니다.

성모님은 마음을 다하고 목숨을 다하고 힘을 다하여 사랑하셨으며, 은총이 가득하셨습니다.

— 베르나르도 성인

성모님, 성모님은 오직 하느님만 선택하셨습니다. 저도 언제나 하느님께 마음을 두도록 가르치시어, 세상에서 하느님의 구원 계획을 수행하도록 도와주소서.

3월 16일

나는 모든 것을 해로운 것으로 여깁니다.
나는 그리스도의 부활의 힘을 알고
그분 고난에 동참하는 법을 알고 싶습니다.
그리하여 어떻게든 죽은 이들 가운데에서 살아나는
부활에 이를 수 있기를 바랍니다.

필리 3,8.10-11 참조

복되신 동정녀도 신앙의 나그넷길을 걸으셨고 십자가에 이르기까지 아드님과 당신의 결합을 충실히 견지하셨습니다.

성모님은 당신 외아드님과 함께 극도의 고통을 겪으시며, 아드님의 희생 제사에 어머니의 마음으로 당신을 결합시키셨습니다.

— 제2차 바티칸 공의회 문헌, 교회에 관한 교의 헌장 〈인류의 빛〉, 58항 참조

성모님, 성모님은 십자가 아래 계시며, 예수님과 함께 극도의 고통을 받으셨으나, 그 고통을 아드님의 고통과 함께 봉헌하셨습니다. 저도 아무런 불평 없이 일상의 십자가를 받아들이고, 세상의 구원을 위하여 이 십자가를 봉헌하도록 도와주소서.

3월 17일

너희 말을 듣는 이는 내 말을 듣는 사람이고,
너희를 물리치는 자는 나를 물리치는 사람이며,
나를 물리치는 자는 나를 보내신 분을
물리치는 사람이다.

루카 10,16

걱정하지 말고, 복되신 동정 마리아를 극진히 사랑하십시오. 결코 그분을 충분히 사랑할 수는 없습니다.

그러면 예수님이 매우 기뻐하실 것입니다. 복되신 동정 마리아가 바로 그분의 어머니이시기 때문입니다.

— 아기 예수의 데레사 성녀

성모님, 저희는 어머니께 사랑과 영예를 드리며 당신 아드님께 드리는 사랑과 공경을 드러냅니다. 어머니를 향한 사랑이 날마다 자라나, 주님의 영광을 드러내는 데 도움이 되게 하소서.

예루살렘의 성 치릴로 주교 학자

> 해산할 때에 여자는 근심에 싸인다.
> 그러나 아이를 낳으면, 사람 하나가
> 이 세상에 태어났다는 기쁨으로
> 그 고통을 잊어버린다.
> 요한 16,21

성모님은 하와 때문에 인류가 지고 있던 빚을 갚아 주셨습니다.

원죄에 물들지 않으신 성모님은 당신 스스로, 남자가 아니라 성령을 통하여, 하느님의 능력으로 잉태하셨습니다.

— 예루살렘의 치릴로 성인

성모님, 성모님은 예수님을 잉태하여 하느님의 구원 계획을 진전시켰으며, 여성 신학의 토대를 놓으셨습니다. 어머니를 통해 여인의 역할이 얼마나 숭고한지 가르쳐 주시고, 주변의 여인들을 존중하게 하소서.

3월 19일 — 복되신 동정 마리아의 배필 성 요셉 대축일

요셉은 주님의 천사가 명령한 대로
마리아를 아내로 맞아들였다. 그러나 아내가
아들을 낳을 때까지 잠자리를 같이하지 않았다.
그리고 아들의 이름을 예수라고 하였다.

마태 1,24-25

복되신 동정 마리아가 교회의 임금이신 예수 그리스도를 낳아 주셨기에, 교회는 그분께 감사를 드립니다.

동정 마리아 다음으로, 교회는 바로 요셉 성인에게 깊은 감사와 공경을 드립니다.

— 시에나의 베르나르디노 성인

성모님, 성모님은 요셉 성인을 사랑하셨으며, 나자렛 성가정의 가장이신 그분께 의지하셨습니다. 제가 요셉 성인에 대한 깊은 신심을 지니고 두려움이나 의심이 들 때 성인께 간청하도록 도와주소서.

3월 20일

나는 지혜를 사랑하여 젊을 때부터 찾았다.
지혜는 하느님과 같이 살아
자기의 고귀한 태생을 빛냈으며
만물의 주님께서는 그를 사랑하셨다.

지혜 8,2-3 참조

  주님께 바라는 제 희망은 덧없이 지나가는 모든 날, 그 모든 순간마다, 원죄 없이 잉태되신 성모님께 더 가까이 다가가는 것입니다.

  주님이 오시어 제가 성모님을 더 잘 알고 언제나 그분을 더 많이 사랑하게 하소서.

— 막시밀리아노 마리아 콜베 성인

원죄 없이 잉태되셨으며 하느님의 어머니이신 성모님, 날마다 어머니를 더 알고 어머니를 더 많이 사랑하게 하소서. 모든 순간마다 어머니가 베푸신 모든 은총과 더불어 살아가게 하소서.

3월 21일

군중 속에서 어떤 여자가 목소리를 높여,
"선생님을 배었던 모태는 행복합니다." 하고
예수님께 말하였다. 그러자 예수님께서 이르셨다.
"하느님의 말씀을 듣고 지키는 이들이
오히려 행복하다."

루카 11,27-28 참조

   성모님은 하느님의 말씀을 듣고 그 말씀을 모시고 다니셨기에, 모든 사람 가운데 가장 행복하십니다.
   성모님은 당신 태중에 주님의 몸을 모시고 다니신 것보다도 훨씬 더 오래 당신의 마음에 진리를 간직하고 사셨습니다.

— 아우구스티노 성인

그리스도를 믿는 첫째 신앙인이신 성모님, 하느님이신 당신 아드님을 믿는 제 신앙을 북돋아 주소서. 그 믿음이 살아나 제가 하는 가장 작은 일에서도 빛나도록 이끌어 주소서.

3월 22일

예수님께서는 그 제자에게
"이분이 네 어머니시다." 하고 말씀하셨다.
그때부터 그 제자가 그분을 자기 집에 모셨다.

요한 19,27 참조

복되신 동정 마리아는 세상의 모든 어머니가 자기 자녀를 돌보듯이 우리를 아낌없이 돌보아 주십니다.

그분은 우리를 사랑하시고, 우리를 보살피시며, 우리를 보호하시고, 우리를 위하여 전구해 주십니다.

— 요한 23세 성인 교황

성모님, 성모님은 친어머니처럼 저를 사랑하시고 돌보아 주십니다. 제 온갖 문제를 어머니께 맡겨 드리오니, 끊임없이 어머니의 도우심을 받게 해 주소서.

3월 23일

그리스도께서도 여러분을 위하여
고난을 겪으시면서, 당신의 발자취를 따르라고
여러분에게 본보기를 남겨 주셨습니다.
"그는 죄를 저지르지도 않았고
그의 입에는 아무런 거짓도 없었다."

1베드 2,21-22

　복되신 동정녀는 결코 어떠한 죄도, 실제로 조그만 소죄도 짓지 않으셨습니다. 그렇지 않다면, 그분은 예수님께 합당한 어머니가 되지 못하셨을 것입니다.
　아드님은 어머니의 수치를 나누어 받으시고, 또 어머니 때문에 죄인이 되셨을 것입니다.

— 토마스 아퀴나스 성인

성모님, 성모님은 예수님의 은총을 통하여 영원히 죄에서 자유로우셨습니다. 하느님이신 당신 아드님께 제 죄에 대한 용서를 얻어 주시고, 앞으로는 죄를 짓지 않도록 돌보아 주소서.

3월 24일

의로운 이의 아버지는 몹시 즐거워한다.
너의 아버지와 어머니가 기뻐하고
너를 낳은 여인이 즐거워하게 하여라.

잠언 23,24-25

 분명히 우리가 성모님께 드리는 모든 찬양은 그것이 무엇이든 아드님께 드리는 것입니다. 거꾸로, 아드님께 드리는 찬양 또한 어머니께 드리는 것입니다.
 우리가 어머니께 영광을 드리지 못한다면 동시에 아드님께도 찬양을 드리지 못합니다.

― 베르나르도 성인

성모님, 성모님은 예수님의 어머니로서 또 그분의 가장 가까운 제자로서 영원히 그분과 결합되어 계십니다. 제가 하느님이신 당신 아드님을 찬양하는 가운데 기꺼이 어머니께도 영예를 드리게 해 주소서.

3월 25일   주님 탄생 예고 대축일

마리아야, 너는 하느님의 총애를 받았다.
보라, 이제 네가 잉태하여 아들을 낳을 터이니
그 이름을 예수라 하여라.

루카 1,30-31

    예수님이 어머니께 잉태되셨을 때에 예수님은 어머니가 동정녀이심을 아셨습니다. 예수님은 어머니에게서 태어나신 뒤에도, 어머니를 동정녀로 남겨 두셨습니다.
    예수님은 어머니께 모성을 드리시면서도, 어머니의 완전하심을 손상시키지 않으십니다.

— 아우구스티노 성인

성모님, 성모님은 예수님을 잉태하실 때 동정이셨으며, 아기 예수님을 낳으실 때도, 그리고 영면하실 때에도 동정이셨습니다. 이 신비를 되뇌이며 하느님께는 불가능이 없음을 깨닫고, 하느님 은총의 도우심으로 확신을 가지고 살아가게 도와주소서.

3월 26일

딸 시온아,
환성을 올려라.
딸 예루살렘아,
마음껏 기뻐하고 즐거워하여라.

스바 3.14

　지극히 순결하신 동정녀께 천사가 뭐라고 합니까? "은총이 가득하신 마리아님, 기뻐하소서. 주님께서 함께 계십니다."
　천사는 기쁨을 전하는 메신저입니다. 천사는 바로 그 기쁨으로 대화를 시작합니다.

— 소프로니오 성인

성모님, 하느님의 아드님을 잉태하시리라는 소식을 들으시고 얼마나 기뻐하셨습니까! 저 또한 은총으로 제 마음에 예수님을 모시고 살라는 부르심을 받았음을 깨닫고 이를 기뻐하게 하소서.

3월 27일

한처음에
하느님께서 하늘과 땅을 창조하셨다.
하느님께서 말씀하시기를
"빛이 생겨라." 하시자 빛이 생겼다.

창세 1,1.3

성모님은 하느님의 아드님이 당신의 아드님이 되셨을 때에, "피앗Fiat(그대로 이루어지소서)!"이라고 말씀하셨습니다. 그 '피앗'이라는 말씀은 다른 모든 '피앗' 위에 존중받아야 합니다.

하느님은 '피앗'이라는 말씀으로 빛을 창조하시고 하늘과 땅을 지으셨으나, 성모님의 '피앗'으로 우리와 같은 사람이 되셨습니다.

— 빌라노바의 토마스 성인

하느님의 구원 계획에 온전히 협력하신 성모님, 하느님께서 제게 바라시는 일에 언제나 "그대로 이루어지소서." 하고 응답하도록 도와주소서.

3월 28일

부와 영광이 당신에게서 나옵니다.
당신께서는 만물을 통치하십니다. 당신의 손에
힘과 권능이 있으니, 바로 당신을 통하여
모든 사람이 위대함과 능력을 얻습니다.

1역대 29,12

  하느님의 어머니가 된다는 것은 한 인간이 받을 수 있는 가장 큰 은총입니다.
  하느님은 더 큰 세상과 더 큰 하늘을 만드실 수 있으셨습니다. 그러나 그분은 성모님을 당신 어머니가 되게 하시어 피조물인 한 인간을 가장 드높이 올리셨습니다.

— 보나벤투라 성인

성모님, 성모님은 하느님의 걸작이시며 인류의 보석이십니다. 제가 어머니께 마땅한 영예를 드리게 하시고, 하느님께서 어머니를 통하여 베푸신 커다란 은총에 감사드리게 하소서.

3월 29일

아무도 자기 몸을 미워하지 않습니다.
그리스도께서 교회를 위하여 하시는 것처럼
오히려 자기 몸을 가꾸고 보살핍니다.
우리는 그분 몸의 지체입니다.

에페 5,29-30

    그리스도와 일치되어 있는 사람은 모두 성모님의 태중에서 나왔으며, 성모님은 우리 모두의 어머니이십니다.
    그리스도를 알고 그리스도를 통하여 살아가는 모든 은총 위에 그리스도가 당신 지체들인 우리에게 온갖 은총을 베푸시도록 성모님이 매우 부지런히 일하시리라는 것을 누가 의심할 수 있겠습니까?

— 비오 10세 성인 교황

성모님, 성모님은 저희를 더욱더 완전하게 하느님이신 당신 아드님께 인도해 주시려고 끊임없이 일하고 계십니다. 예수님을 더 잘 알게 되는 은총을 베푸시어, 예수님을 통하여 굳건하게 살아가게 해 주소서.

3월 30일

나는 너를 영원한 사랑으로 사랑하였다.
그리하여 너에게 한결같이 자애를 베풀었다.
내가 너를 다시 세우리라.

예레 31,3-4 참조

사랑의 어머니, 저는 어머니의 넘치는 사랑에 놀라지 않습니다. 가련한 당신 자녀들을 돌보시는 어머니의 사랑에 참으로 경탄할 뿐입니다.

참으로 그러한 사랑은 영원토록 천국 시민들을 황홀하게 할 것입니다.

— 요한 외드 성인

성모님, 당신 자녀들을 위하시는 어머니의 사랑은 끝이 없고 인간의 모든 이해를 뛰어넘습니다. 제가 언제나 어머니의 사랑에 응답하며 자녀다운 신뢰와 감사로 어머니께 나아가도록 도와주소서.

3월 31일

하느님께서 하늘을 세우실 때,
심연 위에 테두리를 정하실 때
나 거기 있었다.

잠언 8,27 참조

성모님은 하느님 앞에서 어머니의 권위를 지니고 계십니다.
하느님은 성모님을 언제나 티 없이 깨끗하신 참된 어머니로 대하시기에, 어머니의 모든 전구를 들어주십니다.

― 제르마노 성인

성모님, 성모님은 하느님의 어머니이시므로 하느님의 귀를 지니고 계십니다. 언제나 제 곁에 머무시며, 온 세상의 간청을 하느님께 전해 드리소서.

4월 1일

당신은 저의 비탄을 춤으로 바꾸시고
제 자루옷 벗겨 저를 기쁨의 띠로 두르셨나이다.
제 영혼 영원히 당신을 찬송하오리다.

시편 30,12-13 참조

성모님은 은총의 보고寶庫이십니다. 어머니는 당신 자녀들을 도우러 달려가십니다.

어머니는 당신 자녀들에게 한없이 베푸시는 천상 은총으로 자녀들을 먹여 살리시고 힘을 북돋아 주시며 새롭게 하십니다.

— 바울리노 성인

성모님, 성모님은 어머니께 맡겨진 은총을 아낌없이 베풀어 주십니다. 거저 받은 은총을 혼자 차지하지 않고 언제나 그 은총과 협력하게 해 주소서.

4월 2일

그대는 예루살렘의 영예고
이스라엘의 큰 영광이며 우리 겨레의 큰 자랑이오.
그대는 이 모든 일을 그대의 손으로 이루었소.

유딧 15,9-10

복되신 동정녀는 결코 해소될 수 없는 가장 긴밀한 유대로 예수님과 결합되셨습니다.

예수님과 함께 예수님을 통하여, 성모님은 독기 서린 뱀의 영원한 원수가 되시어 그 뱀을 굴복시키시고, 그 머리를 동정의 발로 짓부수셨습니다.

— 비오 9세 복자 교황

성모님, 성모님은 하느님이신 당신 아드님과 결합하시어 죄악의 세력을 쳐 이기셨습니다. 죄악이 저를 짓누르려고 위협할 때에 도우러 오시어, 온갖 위험에서 구해 주소서.

4월 3일

자네는 고통을 잊고
자네 생애는 대낮보다 밝게 일어서고
어둡더라도 아침처럼 될 것일세.
자네는 신뢰하며 안심하고 자리에 들 것이네.

욥 11,16-18 참조

    모든 기회에, 온갖 방법으로, 성모님은 우리의 곤경을 도우러 오시어, 우리의 두려움을 없애 주시고, 우리의 믿음에 활력을 불어넣어 주십니다.
    어머니는 우리의 희망을 받쳐 주시며, 우리의 의혹을 없애 주시고, 우리의 잘못을 치유해 주십니다.

— 베르나르도 성인

저희의 위로이며 도움이신 성모님, 특별히 시련을 겪으며 기진할 때 도우러 오소서. 예수님께서 저희를 위하여 하신 모든 것을 기억하며, 주님께 충실하도록 지켜 주소서.

성 이시도로 주교 학자

예수님께서 다시 그들에게 말씀하셨다.
"나는 세상의 빛이다.
나를 따르는 이는 어둠 속을 걷지 않고
생명의 빛을 얻을 것이다."

요한 8,12

"마리아"라는 이름은 빛이나 바다의 별을 뜻합니다.
영원한 빛이신 예수 그리스도를 낳으신 분이 바로 마리아이십니다!

— 이시도로 성인

성모님, 성모님은 하느님이신 당신 아드님께 가는 길을 비추시는 빛나는 별이십니다. 세상을 걷잡을 수 없이 휩쓰는 죄악과 어둠 속에서도, 언제나 주님만을 바라보게 하소서.

4월 5일   성 빈첸시오 페레르 사제

흠 없는 이를 지켜보고
올곧은 이를 살펴보아라.
평화를 이루는 이는
후손이 이어지리라.

시편 37,37

  복되신 동정 마리아는 죽음을 앞두고 모진 고통을 겪는 사람들을 위로하시고 힘을 되찾게 하십니다.
  그리고 죽을 때에 어머니는 그들의 영혼을 받아 주십니다.

— 빈첸시오 페레르 성인

선종하는 이들의 어머니이신 성모님, 제 삶의 마지막 순간에 저를 보살펴 주소서. 악마의 간계에서 보호하시고, 천국 낙원에 제 영혼을 받아들여 주소서.

4월 6일

이것은 주님의 문 의인들이 들어가리라.
당신이 제게 응답하시고 구원이 되어 주셨으니
제가 당신을 찬송하나이다.

시편 118,20-21

성모님은 은총이 가득하실 수밖에 없으십니다.
성모님은 하늘의 문, 낙원에 오르는 사다리가 되셨으며, 하느님과 인간 사이에서 참된 중개자가 되셨습니다.

— 라우렌시오 유스티니아노 성인

하늘의 문이신 성모님, 어머니의 참된 자녀로 살도록 도우시어, 이 세상을 떠날 때 어머니를 통하여 천국에 들어가게 해 주소서.

4월 7일 　　　　　　　　　　　　　성 요한 밥티스타 드 라 살 사제

그가 나를 따르기에 나 그를 구하여 주고
내 이름 알기에 나 그를 들어 높이리라.

시편 91.14

성모님의 거룩하신 이름에 대한 신심을 가지십시오. 하느님께 그 신심을 간청하십시오.

이 복된 성명聖名을 생각하며, 모든 존경과 마땅한 공경으로 그 이름을 자주 부르십시오.

— 요한 밥티스타 드 라 살 성인

성모님, 어머니의 거룩한 이름을 사랑하는 신심을 주소서. 날마다 어머니의 이름을 부르며 간구하게 하시고, 모든 사람이 어머니의 이름을 마음 깊이 새기게 하소서.

4월 8일

그리스도께서는 하느님 우리 아버지의 뜻에 따라
우리를 지금의 이 악한 세상에서 구해 내시려고,
우리 죄 때문에 당신 자신을 내어 주셨습니다.

갈라 1,4

  온 세상이 예수님의 수난을 통하여 구원을 받았습니다.
이와 비슷하게, 우리는 모두 성모님의 고통을 통하여
은총을 받고 있습니다.

― 대 알베르토 성인

성모님, 성모님은 그리스도의 고통을 함께 받으시어, 공동 구원자가 되셨습니다. 어머니가 그리스도와 함께 겪으신 수난에 감사드리며, 날마다 받는 모든 은총과 협력하게 해 주소서.

4월 9일

주님의 자애는 다함이 없고
그분의 자비는 끝이 없어 아침마다 새롭다네.
당신의 신의는 크기도 합니다.

애가 3,22-23

성모님은 하느님의 정의를 채워 드리는 희생 제사에서 당신 아드님을 기꺼이 봉헌하셨습니다.
그러기에 우리는 참으로 마리아가 그리스도와 더불어 인류 구원에 협력하셨다고 말할 수 있습니다.

— 베네딕토 15세 교황

성모님, 성모님은 결코 하느님께서 자비를 저버리지 않으시리라는 것을 아셨기에, 슬픔 속에서도 한결같이 주님과 협력하셨습니다. 하느님께서 베푸신 모든 은혜에 감사드리고 그분이 하시는 모든 일에 협력할 수 있도록 이끌어 주소서.

4월 10일

여러분은 열성을 다하여
믿음에 덕을 더하고 덕에 앎을 더하며,
앎에 절제를, 절제에 인내를, 인내에 신심을,
신심에 형제애를, 형제애에 사랑을 더하십시오.

2베드 1,5-7

  복되신 동정녀를 공경하는 진정한 신심은 거룩합니다. 그 신심은 죄를 멀리하고 성모님의 덕행을 본받도록 이끌어 줍니다.
  우리는 성모님의 깊은 겸손, 활기찬 믿음, 즉각적인 순종, 끊임없는 기도, 보편적인 고행, 거룩한 순결, 열렬한 사랑, 영웅적인 인내, 천사의 감미로움과 천상의 지혜를 본받아야 합니다.

— 루도비코 마리아 그리뇽 드 몽포르 성인

성모님, 성모님을 향한 신심으로, 죄를 멀리하고, 성모님이 지상에서 실천하신 열 가지 덕행을 본받게 해 주소서.

4월 11일

나의 사랑하는 자녀 여러분,
그리스도 예수님 안에서 내가 복음을 통하여
여러분의 아버지가 되었습니다.
그래서 내가 여러분에게 권고합니다.
나를 본받는 사람이 되십시오.

1코린 4,14-16 참조

 예수님은 당신 어머니를 저에게 맡기시며 그분을 사랑하라고 당부하셨습니다.
 성모님, 성모님은 저의 천상 어머니이십니다. 어머니는 자기 자녀들을 돌보는 여느 어머니처럼 저를 보살펴 주실 것입니다.

— 젬마 갈가니 성녀

성모님, 성모님은 제 영혼의 어머니이시며 제 구원의 어머니이십니다. 날마다 어머니의 돌보심에 기뻐하며 사랑으로 이끄시는 어머니께 순종하게 하소서.

4월 12일

나는 마음이 온유하고 겸손하니
내 멍에를 메고 나에게 배워라.
그러면 너희가 안식을 얻을 것이다.

마태 11,29

 성모님의 실제 생활은 매우 단순한 삶이었으리라고 확신합니다.
 성모님을 가까이 다가갈 수 없는 분으로 생각하지 말고, 참으로 그분을 본받을 수 있다는 것을 깨달아야 합니다. 우리는 오직 믿음으로 살아가신 그분의 뛰어난 덕행을 본받아야 합니다.

— 아기 예수의 데레사 성녀

성모님, 성모님의 삶과 덕은 폭풍우가 몰아치는 이 세상의 밤에 길을 밝히는 횃불입니다. 복된 단순함을 비롯하여 성모님의 덕행을 본받도록 도와주소서.

4월 13일

내 아들아, 지혜롭게 되어
내 마음을 기쁘게 해 다오.
그러면 나를 비웃는 자에게
내가 대답할 수 있을 것이다.
영리한 이는 재앙을 보면 몸을 숨긴다.

잠언 27,11-12

 어머니를 따르지 못하는 자들은 그 집안에서 버림을 받습니다.
 성모님은 겸손하시지만, 그자들은 교만합니다. 성모님은 순수하시지만, 그자들은 사악합니다. 성모님은 사랑이 가득하시지만, 그자들은 다른 사람들에 대한 증오로 가득 차 있습니다.

— 베드로 크리솔로고 성인

저희에게 선행의 모범을 보여 주신 성모님, 제 나쁜 성향을 버리고, 성모님의 훌륭한 모범을 따르도록 도와주소서. 성모님을 닮지 않은 모든 것을 제 안에서 뿌리 뽑아 주소서.

4월 14일

착각하지 마십시오. 온갖 좋은 선물과
모든 완전한 은사는 위에서 옵니다.
빛의 아버지에게서 내려오는 것입니다.
그분께는 변화도 없고 변동에 따른
그림자도 없습니다.

야고 1,16-17

  복되신 동정녀에 대한 신심은 하느님의 영광을 전혀 손상시키지 않습니다.
  그 신심은 오히려 우리를 모든 선의 근원이신 하느님께 직접 데려다줍니다. 하느님은 복되신 동정녀가 매우 순수하고 위대해지시기를 바라셨습니다.

— 비오 12세 교황

성모님, 성모님께 드리는 영예는 언제나 하느님 찬양으로 이어집니다. 어머니를 모시는 참된 신심을 주시어, 당신 아드님이시며 저희 구세주 하느님이신 예수님께 더 깊은 신심을 지니게 하소서.

4월 15일

청춘의 욕망을 피하고,
깨끗한 마음으로 주님을 받들어 부르는
이들과 함께 의로움과 믿음과 사랑과
평화를 추구하십시오.

2티모 2,22

우리의 말과 눈길이 더 순수해질수록, 우리는 복되신 성모님을 더욱더 기쁘게 해 드릴 것입니다.

그리고 성모님은 하느님이신 당신 아드님에게서 우리를 위하여 더 많은 은총을 얻어 주실 것입니다.

— 요한 보스코 성인

지극히 순결하신 동정녀이신 성모님, 저를 위하여 마음과 생각의 순결을 지키는 은총을 얻어 주소서. 죄를 피하고, 온갖 곤경에서 어머니의 도우심을 간청하게 해 주소서.

4월 16일

내가 달릴 길을 다 달려
하느님 은총의 복음을 증언하는 일을
다 마칠 수만 있다면, 내 목숨이야
조금도 아깝지 않습니다.

사도 20,24 참조

  오, 저의 어머니, 저에게 그대로 이루어지소서. 제가 그대로 살게 하소서. 제가 고통을 받게 해 주소서!
  어머니, 어머니의 티 없이 깨끗하신 성심과 결합되어 머무는 한, 저는 죽어도 여한이 없습니다.

― 마리아 베르나데트 수비루 성녀

성모님, 어머니의 손을 통하여, 어머니를 본받아, 저를 온전히 봉헌합니다. 하느님께서 바라시는 것은 무엇이든 받아들이도록 이끌어 주시고, 이 결심을 충실히 지키도록 도와주소서.

4월 17일

눈은 똑바로 앞을 바라보고
눈길은 앞으로만 곧게 두어라.
바른길을 걸어라.
네가 가는 길이 모두 튼튼하리라.

잠언 4,25-26

　하느님은 성모님을 구원으로 건너가는 다리로 세우셨습니다.
　이 다리를 잘 이용하여, 우리는 폭풍우가 몰아치는 이 세상의 바다를 안전하게 건너 천국의 행복한 항구에 이르게 됩니다.

— 니시비스의 야고보 성인

구원의 다리이신 성모님, 하느님이신 당신 아드님께 확실하게 인도해 주시는 어머니만을 바라보며, 언제나 구원하시는 어머니의 이끄심을 충실히 따르게 해 주소서.

4월 18일

낮에도 당신께 부르짖고
밤에도 당신 앞에서 외치나이다.
제 기도 당신 앞에 이르게 하소서.
제 울부짖음에 귀를 기울이소서.

시편 88,2-3

 오직 성모님께 열심히 기도를 바칠 때에, 비로소 믿음을 지킬 수 있습니다.
 그러나 언제나 모든 시간에 기도할 수 있을까요? 저는 그렇다고 말합니다. 우리가 성모님을 매우 많이 사랑한다면, 언제나 기도할 수 있습니다.

— 알폰소 마리아 데 리구오리 성인

성모님, 성모님은 저희 믿음을 끝까지 지켜 주시는 보증인이십니다. 제가 끈기를 가지고 언제나 성모님께 기도하도록 가르쳐 주소서.

4월 19일

지혜의 오른손에는 장수가,
그 왼손에는 부와 영광이 들려 있다.
지혜의 길은 감미로운 길이고
그 모든 앞길에는 평화가 깃들어 있다.

잠언 3,16-17

   성모님의 마음으로 살아가십시오. 성모님이 사랑하시는 것을 사랑하고, 성모님이 바라시는 것을 바라십시오.
   그러면 분명히 평화와 기쁨을 누리며 거룩하게 살아가게 될 것입니다.

— 요한 외드 성인

성모님, 성모님은 당신 자녀들과 완전히 결합되기를 바라고 계십니다. 제 존재 자체와 온 삶을 어머니께 봉헌하도록, 제가 가진 모든 것을, 제가 사랑하는 모든 사람을 어머니께 바치도록 이끌어 주소서.

4월 20일

내 진실 내 자애가 그와 함께 있으니
내 이름으로 그의 뿔이 높이 들리리라.

시편 89.25

   성모님의 이름은 성모님께 돈독한 신심을 지닌 이들에게 새로운 힘을 불어넣어 주십니다.
   성모님의 이름은 그들의 귀에는 음악이, 입에는 단꿀이, 마음에는 기쁨이 됩니다.

— 파도바의 안토니오 성인

어머니이신 성모님, 어머니에 대한 참다운 사랑과 끝없는 기쁨과 완전한 신뢰로 어머니의 이름을 부르게 해 주소서.

4월 21일

예수님께 가서는 이미 숨지신 것을 보고
다리를 부러뜨리는 대신,
군사 하나가 창으로 그분의 옆구리를 찔렀다.
그러자 곧 피와 물이 흘러나왔다.

요한 19,33-34

아, 성모님, 강철로 벼린 창날에 당신의 심장이 찔리셨습니다.
이미 마지막 숨을 거두신 당신 아드님의 심장보다 어머니의 성심이 얼마나 더 아프십니까!

— 베르나르도 성인

성모님, 저희를 구원하려고 돌아가신, 사랑하는 당신 아드님의 죽음을 어머니와 함께 슬퍼하게 하소서. 십자가에 못 박히신 구세주의 모든 상처가 제 마음에 다시 살아나게 해 주소서.

4월 22일

내 이름 때문에 집이나 형제나 자매,
아버지나 어머니, 자녀나 토지를 버린 사람은
모두 백배로 받을 것이고 영원한 생명도 받을 것이다.

마태 19,29

   다른 사람들에게는 은총이 적절히 베풀어졌습니다.
   그러나 복되신 동정 마리아는 무한한 은총을 넘치도록 받으셨습니다!

— 소프로니오 성인

성모님, 성모님은 은총이 가득하신 분이시며, 모든 천사와 성인들이 받은 은총을 합친 것보다 훨씬 더 많은 은총을 지니고 계십니다. 어머니께 엎드려 간청하오니, 지극히 거룩하신 하느님께 저를 위하여 빌어 주소서.

4월 23일

땅에서 움직이는 모든 살덩어리들,
짐승과 사람들이 모두 숨지고 말았다.
노아와, 그와 함께 방주에 있는
사람과 짐승만 남았다.

창세 7,21-23 참조

   노아의 방주는 마리아의 한 예형이었습니다. 그 방주로 인간이 대홍수에서 살아남았듯이, 우리는 죄로 침몰하는 난파선에서 성모님을 통하여 구원을 받았습니다.
   그러나 여기에는 차이가 있습니다. 방주에서는 몇 사람만 구원을 받았지만, 성모님을 통해서는 온 인류가 죽음에서 구원을 받았습니다.

— 베르나르도 성인

온 인류를 위한 구원의 방주이신 성모님, 저와 제 가족들과 온 세상을 어머니께 맡겨 드리오니, 영원한 죽음에서 저희를 지켜 주소서.

4월 24일

주님은 위대하시고 드높이 찬양받으실 분,
우리 하느님의 도성, 당신의 거룩한 산에서.
아름답게 솟아오른 그 산은
온 누리의 기쁨이라네.

시편 48,2-3

  우리 주님은 복되신 동정녀의 순결하신 몸과 더불어 그 영혼을 보존해 주셨습니다. 그 지극한 순결로 성모님은 당신 태중에 하느님을 받아들이신 어머니가 되셨습니다.
  하느님은 거룩하신 분이시므로 오직 거룩한 곳에 머무르십니다.

— 다마스쿠스의 요한 성인

성모님, 성모님은 하느님을 당신 태중에 모실 수 있도록 드높은 성덕의 은총을 받으셨습니다. 하느님이신 당신 아드님께서 제 마음속에도 머무르실 수 있도록 성덕을 쌓을 힘을 주소서.

4월 25일

무슨 일을 하든 모든 사람을 기쁘게 하려고 애쓰는
나처럼 하십시오. 나는 많은 사람이 구원을
받을 수 있도록, 내가 아니라 그들에게 유익한 것을
찾습니다. 내가 그리스도를 본받는 것처럼
여러분도 나를 본받는 사람이 되십시오.

1코린 10,33-11,1

　복되신 동정 마리아는 그리스도와 가장 가까우셨을 것입니다. 그리스도는 바로 그분에게서 당신의 인성을 받으셨기 때문입니다.
　그러므로 성모님은 그 누구보다도 더 충만한 은총을 그분에게서 받으셨음에 틀림없습니다.

— 토마스 아퀴나스 성인

성모님, 성모님은 모든 인간 가운데에서 그리스도와 가장 많이 닮으신 분이십니다. 날마다 성모님을 본받아, 하느님이신 당신 아드님을 가까이 본받도록 도와주소서.

4월 26일

드높고 뛰어나신 분,
영원히 좌정하여 계신 분 그 이름
'거룩하신 분'께서 정녕 이렇게 말씀하신다.
"나는 드높고 거룩한 곳에 좌정하여 있다."

이사 57,15

그 지극하고도 엄위로운 존엄 앞에서 모든 인간은 말문이 닫히고 두려워 떨며 감히 우러러보지도 못할 것입니다.

하느님이 복되신 동정녀 안에 머무시며, 그분과 함께 똑같은 본성을 지니고 계십니다.

— 베드로 다미아니 성인

성모님, 하느님의 거룩한 어머니이신 당신의 존엄이 얼마나 드높으십니까! 제가 말과 행동으로 성모님을 공경하며 다른 사람들에게 성모님의 위대하심을 선포하게 하소서.

4월 27일

시온 주민들아, 소리 높여 환호하여라.
너희 가운데에 계시는 이스라엘의
거룩하신 분께서는 위대하시다.

이사 12,6

    우리가 마리아를 하느님의 어머니라고 할 때에, 하느님 다음가는, 우리가 생각할 수 있는 다른 모든 지위보다 드높은 성모님의 존엄을 이야기하는 것입니다.
    아무것도 성모님과 같지 않습니다. 성모님 위에 계신 분은 하느님뿐이시고, 또 그분 아래 있는 모든 것은 하느님이 아니기 때문입니다.

— 안셀모 성인

성모님, 오직 하느님만이 참으로 어머니의 위대하심을 아실 수 있기에, 성모님은 지극히 공경하올 동정녀이십니다. 성모님을 합당하게 공경하도록 이끌어 주소서.

성 루도비코 마리아 그리뇽 드 몽포르 사제   4월 28일

나는 지혜가 지닌 많은 재산을 감추지 않는다.
지혜는 사람들에게 한량없는 보물,
지혜를 얻은 이들은 그 가르침이 주는
선물들의 추천으로 하느님의 벗이 된다.

지혜 7,13-14

 성모님은 당신 자녀들에게 당신의 공로를 나누어 주십니다. 당신의 능력으로 자녀들을 도와주시고, 당신의 빛으로 자녀들을 깨우치시며, 자녀들이 당신의 사랑으로 불타오르게 하십니다.
 어머니는 자녀들에게 당신의 덕을 베푸십니다. 예수님과 함께 어머니는 자녀들의 보루堡壘가 되시고, 자녀들의 전구자가 되시며, 자녀들의 모든 것이 되십니다.

— 루도비코 마리아 그리뇽 드 몽포르 성인

저희들의 소중한 보화이신 성모님, 성모님과 저희의 관계가 돈독하고 활력 넘치게 하소서. 또한 성모님에 대한 신심을 게을리하지 않고, 다른 이들에게도 널리 전파하도록 도와주소서.

4월 29일 — 시에나의 성녀 가타리나 동정 학자 기념일

그러나 당신은 용서의 하느님
너그럽고 자비하신 분
분노에 더디시고 자애가 많으신 분!
당신께서는 그들을 버리지 않으셨습니다.

느헤 9,17

자비의 어머니이신 사랑하는 성모님께 의탁하십시오.

성모님은 우리를 당신 아드님의 현존 안으로 데려가실 것입니다. 성모님은 우리를 위하여 어머니로서 아드님께 전구하시고, 그 아드님은 우리에게 자비를 베풀어 주실 것입니다.

— 시에나의 가타리나 성녀

자비의 어머니이신 성모님, 자비로우신 당신 아드님께 저를 위하여 전구해 주소서. 누구나 잘못을 저지를 수 있기에, 영원한 목적지에 이르려면 반드시 하느님의 자비가 필요하다는 것을 깨닫게 해 주소서.

성 비오 5세 교황

4월 30일

당신 백성의 죄를 용서하시고
모든 잘못을 덮어 주셨나이다.
당신의 격분을 말끔히 씻으시고
분노의 열기를 거두셨나이다.

시편 85,3-4

평생 동정이신 마리아는 참으로 인자하신 예수님을 아드님으로 두신 자비의 어머니이십니다.

인류의 위로자이신 성모님은 무거운 죄에 짓눌린 신자들의 구원을 위하여 예수님께 끊임없이 기도하고 계십니다.

— 비오 5세 성인 교황

성모님, 성모님은 하느님이신 당신 아드님의 어좌 앞에서 저희를 위하여 끊임없이 간청하고 계십니다. 아드님의 자비에 감사드리며, 앞으로는 어떠한 죄도 짓지 않도록 이끌어 주소서.

성모 성월

5월

5월 1일

지혜는 영원한 빛의 광채이고
하느님께서 하시는 활동의 티 없는 거울이며
하느님 선하심의 모상이다.

지혜 7,26

성모님이 태어나시기도 전에, 예언자들은 그분의 영광을 예언하였습니다. 그들은 성모님을 태양에 비겼습니다.

참으로 복되신 동정녀의 모습은 구름이 잔뜩 낀 오후에 비치는 아름다운 햇살에 비길 수 있습니다.

— 요한 마리아 비안네 성인

저희 삶을 비추는 햇빛이신 성모님, 제 마음에 은총의 햇살을 비추시어 온갖 죄와 절망의 어둠을 몰아내 주소서.

성 아타나시오 주교 학자 기념일　　5월 2일

나에게 오너라, 나를 원하는 이들아.
와서 내 열매를 배불리 먹어라.
나를 기억함은 꿀보다 달고
나를 차지함은 꿀송이보다 달다.

집회 24,19-20

　우리는 하느님을 낳으신 성모님의 삶을 마치 모두 기록되어 있는 것과 같은 지침으로 삼아야 합니다.
　성모님 안에서 우리 자신을 찾도록 노력하고, 과거에 게을리했던 선행을 실천해야 합니다.

— 아타나시오 성인

성모님, 어머니의 삶을 자주 묵상하고 어머니의 덕을 본받도록 도와주소서. 예수님과 하느님 아버지에 대한 살아 있는 지식을 익히고, 예수님께서 말씀하신 영원한 생명을 얻게 하소서.

5월 3일

나는 너를 장신구로 치장해 주었다.
두 팔에는 팔찌를, 목에는 목걸이를 걸어 주고,
두 귀에는 귀걸이를 달아 주었으며,
머리에는 화려한 면류관을 씌워 주었다.

에제 16,11-12 참조

   성모님, 저의 어머니, 눈부시게 빛나시는 어머니의 몸과 영혼이 얼마나 아름다우십니까!
   이 세상에서, 복되신 동정녀는 이름 없는 가난한 분이셨지만, 천국에서는 아름답고 영광스러우신, 천사들의 모후이십니다.

— 파도바의 안토니오 성인

성모님, 성모님은 몸과 영혼이 모두 아름다우십니다. 하늘과 땅의 모후로 어머니를 찬미하오니, 어머니의 아름다움과 영적인 힘을 더 많이 알게 해 주소서.

5월 4일

너희가 주 너희 하느님의 말씀을 잘 들으면,
이 모든 복이 내려 너희 위에 머무를 것이다.
너희는 들어올 때에도 복을 받고
나갈 때에도 복을 받을 것이다.

신명 28,2.6

   하느님께 드리고자 하는 모든 봉헌을 성모님께 맡기십시오. 그렇게 하면, 은총이 우리에게 왔던 똑같은 길을 거쳐 그 근원으로 돌아갈 것입니다.
   분명히 하느님은 성모님을 거치지 않고서도 은총을 주실 수 있습니다. 그러나 그분은 그렇게 하지 않으시고, 성모님을 통하여 은총을 주십니다.

— 베르나르도 성인

성모님, 오늘 하느님께서 주시고자 하시는 은총을 베풀어 주소서. 그 은총을 통하여 제가 하는 모든 선행을 하느님이신 당신 아드님께 바치게 하소서.

5월 5일

마음이 즐거우면 얼굴이 밝아지고
마음이 괴로우면 기가 꺾인다.
슬기로운 마음은 지식을 찾는다.

잠언 15,13-14

   지극히 거룩하신 성모 성심은 성덕의 보고이며, 하느님 사랑으로 타오르는 용광로이고, 모든 덕행의 옥좌이며, 삼위일체 하느님이 머무시는 지성소입니다.
   성모 성심은 영원토록 온 우주의 축복과 경하를 받으소서!

— 요한 외드 성인

성모님, 제 마음을 티 없이 깨끗하신 성모 성심과 결합시켜 주소서. 죄를 미워하고, 하느님과 이웃을 사랑하여, 사랑하는 사람들과 함께 영원한 생명에 이르게 하소서.

5월 6일

새벽빛처럼 솟아오르고 달처럼 아름다우며
해처럼 빛나고 기를 든 군대처럼
두려움을 자아내는 저 여인은 누구인가?

아가 6,10

성모님은 성조들보다 더 드높은 찬양을 받으시고, 순교자들보다 더 위대하시며, 증거자들보다 더 많은 영광을 받으시고, 동정녀들보다 더 순결하십니다.

그러므로 성모님은 그들이 오직 당신과 일치하여 성취할 수 있는 모든 것을 그들 없이도 당신 홀로 이룰 수 있으십니다.

— 안셀모 성인

성모님, 하느님이신 당신 아드님께서는 그분의 엄청난 권능을 당신 손에 맡겨 두셨습니다. 그 권능으로 도우시어, 날마다 온갖 죄를 물리치고 정성껏 믿음을 실천하게 하소서.

5월 7일

당신의 권능과 영광을 보려고
당신을 바라보나이다.
당신 자애가 생명보다 낫기에
제 입술이 당신을 찬미하나이다.

시편 63,3-4

    성모님의 이름으로, 여러분 한 사람 한 사람에게 이 말씀을 드립니다.
    성모님은 여러분을 사랑하십니다. 여러분 한 사람 한 사람을 모두 사랑하십니다. 여러분을 매우 많이 사랑하십니다. 성모님은 모든 순간에 어떠한 예외도 없이 여러분을 사랑하십니다.

— 막시밀리아노 마리아 콜베 성인

성모님, 하느님이신 당신 아드님께서 구원하신 모든 사람에 대한 어머니의 크신 사랑에 감사드립니다. 성모님과 예수님의 그 사랑에 이웃 사랑으로 응답하도록 이끌어 주소서.

5월 8일

지혜는 혼자이면서도 모든 것을 할 수 있고
자신 안에 머무르면서 모든 것을 새롭게 하며
대대로 거룩한 영혼들 안으로 들어가
그들을 하느님의 벗과 예언자로 만든다.

지혜 7.27

   성모님은 하느님 은총의 중개자로서 하느님의 어좌 곁에 계십니다. 그러기에 우리는 성모님께 의지하여 기도해 왔습니다.
   가치로든 공로로든, 하느님이 가장 마음에 들어 하시는 성모님은 하늘의 모든 천사와 성인보다 더 많은 힘을 지니고 계십니다.

— 레오 13세 교황

성모님, 온갖 어려움을 겪을 때마다 어머니께 달려가게 하소서. 언제나 변함없이 깊은 신심으로 어머니께 헌신하도록 도우시어, 천국에서 하느님이신 당신 아드님과 어머니와 함께하는 데 필요한 모든 은총을 베풀어 주소서.

5월 9일

제베대오의 두 아들의 어머니가
예수님께 다가와 엎드려 절하고
무엇인가 청하였다. 예수님께서 그 부인에게
"무엇을 원하느냐?" 하고 물으셨다.

마태 20,20-21 참조

   성모님은 하느님께 은총을 요청하실 때에, 간청을 하시는 것이 아니라, 이를테면 분부를 하십니다.
   하느님이신 아드님은 아무것도 거절하지 않으시며 어머니께 영예를 드리십니다.

— 베드로 다미아니 성인

지극히 강력한 변호자이신 성모님. 힘없는 사람들을 도우시고, 두려워하는 사람들에게 힘을 북돋아 주시며, 슬퍼하는 사람들을 위로해 주소서. 성직자들을 위하여 간청하시고, 하느님께 봉헌된 여인들을 위하여 전구하시며, 어머니께 신심을 바치는 모든 사람을 도와주소서.

5월 10일

내가 하는 말은 모두 의로울 뿐
거기에는 교활한 것도 음흉한 것도 없다.
그 모든 말이 깨닫는 이에게는 옳다.

잠언 8,8-9

 성모 성심은 얼마나 놀라운 책입니까!
 거기에 새겨진 글을 알고 읽는 이들은 행복합니다. 그들은 구원의 학문을 배울 것입니다.

— 요한 외드 성인

지극히 지혜로우신 성모님, 티 없이 깨끗하신 성모 성심 안에서 구원의 학문을 익히도록 도와주소서. 어머니는 예수님을 따르신 완전한 제자이셨으니, 모든 일에서 어머니를 본받게 하소서.

5월 11일

사랑하는 여러분,
이제 우리는 하느님의 자녀입니다.
우리가 어떻게 될지는 아직 드러나지 않았지만,
그분께서 나타나시면 우리도
그분처럼 되리라는 것은 알고 있습니다.

1요한 3,2

성모님은 살아 있는 '하느님의 틀'이십니다. 바로 성모님 안에서 하느님이 참사람이 되셨습니다.

또한 성모님 안에서 인간은 참으로 하느님 모습을 지니게 될 수도 있습니다. 그리스도의 은총을 통하여 인간 본성으로도 그렇게 될 수 있습니다.

— 루도비코 마리아 그리뇽 드 몽포르 성인

그리스도의 틀이신 성모님, 하느님이신 당신 아드님의 모습으로 저를 빚어 주소서. 예수님과 같은 모습으로 영원히 하느님의 참된 자녀가 되도록 이끌어 주소서.

5월 12일

지혜도 네 영혼에 달다는 것을 알아라.
네가 그것을 얻으면 미래가 있고
네 희망이 끊기지 않는다.

잠언 24,14 참조

성모님은 목자의 어머니이시며 어린양의 어머니이십니다.
그러한 까닭에 성모님은 우리 모두의 믿음이시며 희망이십니다!

— 제르마노 성인

구세주의 어머니이신 성모님, 어머니는 온 세상이 바라는 가장 좋은 희망이십니다. 어머니께 모든 희망을, 오늘과 내일을 위한 희망을, 또 영원한 희망을 바치오니 도와주소서.

5월 13일

파티마의 복되신 동정 마리아

그들의 후손은 민족들 사이에,
그들의 자손은 겨레들 가운데에 널리 알려져
그들을 보는 자들은 모두 그들이
주님께 복 받은 종족임을 알게 되리라.

이사 61,9

    성모님은 어린 예언자들이 복되신 삼위일체의 사랑을 깊이 알고 하느님을 체험하도록 인도한 스승이십니다.
    인류 가족이 국가, 인종, 이념, 집단, 개인의 하찮고 이기적인 관심사로 쌓은 제단 위에서 거룩한 모든 것을 불살라 버리려고 할 때에, 복되신 성모님이 하늘에서 내려오시어 당신의 가슴속에서 불타오르는 하느님의 사랑을 당신을 믿는 모든 이의 마음속에 부어 주셨습니다.

— 베네딕토 16세 교황

은총의 변호자이시며 중개자이신 성모님, 하느님께 간청하시어 어머니가 그러하셨듯이 온 힘을 다하여 하느님을 사랑하고 사람을 섬기는 완전히 새로운 마음을 내려 주소서.

5월 14일

내 영혼이 주님을 찬양하고
내 구원자 하느님 안에서
내 마음 기뻐 뛰노네.

루카 1,46-47

   우리 한 사람 한 사람이 지극히 높으신 주님을 찬양하는 마리아의 영혼을 지니게 되기를 빕니다.
   우리 한 사람 한 사람이 하느님 안에서 기뻐 뛰노는 마리아의 마음을 지니게 되기를 빕니다.

— 암브로시오 성인

성모님, 성모님은 당신 말씀대로 평생 동안 주님을 찬양하셨습니다. 저도 평생 순결하게 살며, 주님을 찬양하고 주님 안에서 기뻐 뛰노는 은총을 얻게 해 주소서.

5월 15일

여인이 제 젖먹이를 잊을 수 있느냐?
제 몸에서 난 아기를
가엾이 여기지 않을 수 있느냐?
설령 여인들은 잊는다 하더라도
나는 너를 잊지 않는다.

이사 49,15

　복되신 동정 마리아는 많은 자녀를 두신 어머니와 같습니다.
　어머니는 이 사람 저 사람을 돌보시느라 언제나 바쁘십니다.

— 요한 마리아 비안네 성인

성모님, 성모님은 지상의 그 어떤 어머니보다도 더 열렬히 당신 자녀들의 구원을 돌보고 계십니다. 저를 보살피시는 어머니의 사랑에 감사드리오니, 천국의 어머니 품에서 영원한 안식을 누리게 해 주소서.

5월 16일

마리아는 이 모든 일을
마음속에 간직하고 곰곰이 되새겼다.
목자들은 천사가 자기들에게 말한 대로
듣고 본 모든 것에 대하여 하느님을 찬양하고
찬미하며 돌아갔다.

루카 2,19-20

충실한 영혼이여, 복되신 동정 마리아를 본받으십시오.

죄를 용서받고 영적인 쇄신을 하려면, 마음의 성전으로 들어가십시오. 하느님은 우리가 하는 일 자체보다 그 일을 하는 우리의 지향을 보고 계신다는 것을 명심하십시오.

— 라우렌시오 유스티니아노 성인

성모님, 성모님은 하느님께서 당신 삶에 보내시는 일들을 끊임없이 묵상하셨습니다. 저도 날마다 제 삶에 와닿는 일들을 묵상하며 하느님의 뜻을 깨닫도록 이끌어 주소서.

5월 17일

마리아는 석 달가량
엘리사벳과 함께 지내다가
자기 집으로 돌아갔다.

루카 1,56

    내적인 생활에서 또 사도직 활동에서, 언제나 성모님과 함께 일합시다.
    그러면 모든 일이 더 쉽고 분명해지며, 더욱 빠르고 즐거워질 것입니다.

— 루도비코 마리아 그리뇽 드 몽포르 성인

성모님, 성모님은 언제나 그리스도인 사도직을 위하여 일하고 계십니다. 저도 성모님과 함께 일하고자 하오니, 예수님께서 명령하신 이 사도직 활동에서 가장 좋은 열매를 맺도록 도와주소서.

5월 18일

부정한 것은 그 무엇도,
역겨운 짓과 거짓을 일삼는 자는
그 누구도 도성에 들어가지 못합니다.
오직 어린양의 생명의 책에 기록된 이들만
들어갈 수 있습니다.

묵시 21,27

   성모님의 은총을 누리는 이들은 천국의 시민들로 인정됩니다.
   성모님의 인장이 찍힌 이들은, 곧 성모님을 섬기는 은총을 받은 이들은 그 이름이 생명의 책에 기록되어 있습니다.

— 보나벤투라 성인

성모님, 성모님은 당신을 섬기는 저희 종들에게 생명의 책이 되십니다. 제가 어머니를 헌신적으로 섬기어, 온갖 중죄에서 벗어나, 제 이름이 생명의 책에 오르도록 도와주소서.

5월 19일

너희는 축일을 거룩히 지내는 밤처럼
노래를 부르리라. 주님의 산으로 가려고
피리 소리와 함께 나아가는 사람처럼
너희 마음이 기쁘리라.

이사 30,29 참조

  복되신 동정녀를 어머니로 모시고 있으니, 기뻐하고 즐거워하십시오.

  큰 기쁨으로 성모님을 섬기십시오. 그분은 마땅히 섬김을 받으셔야 할 분이십니다. 온갖 어려움 속에서도 성모님께 의지하십시오. 그러면 언제나 그분의 도우심을 받을 것입니다.

— 호아퀴나 데 베드루나 데 마스 성녀

성모님, 성모님을 저희의 어머니로 주신 하느님께 감사를 드리며, 어머니의 구원 협력에 기뻐합니다. 어머니가 모든 것을 자상하게 보살펴 주시니, 기쁠 때나 슬플 때나 언제나 어머니 곁에 가까이 머물게 해 주소서.

시에나의 성 베르나르디노 사제 　　　　　　　　　　　　　　5월 20일

확신을 가지고 은총의 어좌로 나아갑시다.
그리하여 자비를 얻고 은총을 받아
필요할 때에 도움이 되게 합시다.

히브 4,16

　생명을 주는 은총이, 머리이신 그리스도에게서 나와 동정녀를 통하여 그리스도의 신비체로 흘러듭니다.
　하느님은 가장 드높은 영예를 성모님께 부여하시어, 누구나 예외 없이 성모님의 손을 통하여 은총을 받게 하셨습니다.

— 시에나의 베르나르디노 성인

모든 은총의 중개자이신 성모님, 날마다 참된 그리스도인 생활을 하는 데 필요한 은총을 어머니께 간청하오니, 저를 위하여 하느님이신 당신 아드님에게서 그 은총을 얻어 주소서.

5월 21일

지혜를 찾는 이들은 쉽게 발견할 수 있다.
지혜는 자기를 갈망하는 이들에게 미리 다가가
자기를 알아보게 해 준다.
지혜를 찾으러 일찍 일어나는 이는
수고할 필요도 없이 지혜를 발견하게 된다.

지혜 6,12-14 참조

  복되신 동정녀는 교회 안에서 변호자, 원조자, 협조자, 중개자라는 칭호로 불리십니다.
  그러나 이것은 유일한 중개자이신 그리스도의 존엄과 능력에서 아무것도 빼지 않고 아무것도 보태지 않는다고 이해되어야 합니다.

— 제2차 바티칸 공의회 문헌, 교회에 관한 교의 헌장 〈인류의 빛〉, 62항 참조

성모님, 성모님은 하느님께 저희를 위하여 빌어 주십니다. 어머니의 전구를 끊임없이 간청하오니, 하느님이신 당신 아드님께서 기대하시는 열매를 맺게 하소서.

5월 22일

주님, 이제 당신 종의 집안에
기꺼이 복을 내리시어,
당신 앞에서 영원히 있게 해 주십시오.
주님, 복을 내리신 분은 당신이십니다.
영원히 찬미받으소서.

1역대 17,27

성모님의 동의가 없었다면, 하느님이 사람이 되시지 않았을 것입니다.
이러한 까닭에, 우리는 먼저 성모님께 커다란 은덕을 입었다고 여기며, 그다음에는 모든 사람의 구원이 성모님의 보살핌에 맡겨져 있음을 깨달아야 할 것입니다.

— 베드로 다미아니 성인

성모님, 저희 구원이 성모님께 맡겨져 있습니다. 악마의 간계에서 안전하게 지켜 주시고, "티 없이 깨끗하신 성모 성심이시여, 저를 구원하소서."라는 기도를 자주 바치게 해 주소서.

5월 23일

지혜가 상을 차렸다. 이제 시녀들을 보내어
성읍 언덕 위에서 외치게 한다.
"어리석은 이는 누구나 이리로 들어와라!"

잠언 9.2-4 참조

    우리는 다른 곳이 아니라 매우 가까운 곳에서 예수님을 찾고, 또 나약한 우리가 의지할 곳은 성모님밖에 없습니다. 예수님이 세상에 오시어 성모님 안에 머무셨기 때문입니다.
    예수님은 다른 모든 곳에서 천사의 양식이고 용사들이 먹는 빵이 되시지만, 성모님 안에서 예수님은 자녀들이 먹는 빵이 되십니다.

— 루도비코 마리아 그리뇽 드 몽포르 성인

성모님, 성모님은 저희가 알 수 있는 방법으로 예수님을 모셔다 주십니다. 예수님을 더 깊이 알고 극진히 사랑하며, 예수님을 더 가까이 따르게 해 주소서.

5월 24일

희망은 우리를 부끄럽게 하지 않습니다.
우리가 받은 성령을 통하여 하느님의 사랑이
우리 마음에 부어졌기 때문입니다.

로마 5,5

성령은 온전히 삼위일체 하느님의 사랑이시며, 성모님은 온전히 피조물의 사랑이십니다.

성령과 성모님의 결합으로 하늘이 땅과 결합되고, 영원한 사랑 전체가 창조된 사랑 전체와 결합되었습니다. 이게 바로 사랑의 절정입니다!

— 막시밀리아노 마리아 콜베 성인

성모님, 성모님은 성령을 통하여 하느님의 사랑을 가져다주십니다. 성령을 제대로 깨닫고, 성령의 이끄심을 따르며 성령의 사랑 안에서 자라는 은총을 베풀어 주소서.

5월 25일   성 베다 사제 학자

그러나 누가 죄를 짓더라도 하느님 앞에서
우리를 변호해 주시는 분이 계십니다.
곧 의로우신 예수 그리스도이십니다.
그분은 우리 죄를 위한 속죄 제물이십니다.
온 세상의 죄를 위한 속죄 제물이십니다.

1요한 2,1-2

  성모님은 천국에서 언제나 하느님이신 당신 아드님의 현존 안에 머물러 계십니다.
  성모님은 천국에서 죄인들을 위하여 끊임없이 기도하고 계십니다.

— 베다 성인

성모님, 저희의 어머니이신 당신께 간청하오니, 저희 죄인들을 위하여 빌어 주시고, 모든 죄를 멀리하도록 이끌어 주소서.

성 필립보 네리 사제 기념일   5월 26일

의인은 제 길을 굳게 지키고
손이 결백한 이는 힘을 더한다네.

욥 17,9

 자녀들이여, 구원을 받고 싶습니까?
 그렇다면, 우리 복되신 성모님을 공경하는 신심을 지니십시오!

— 필립보 네리 성인

성모님, 성모님은 당신 자녀들을 위하여 마지막까지 구원의 은총을 얻어 주십니다. 어머니께 봉헌된 자녀로서 이 세상에서 은총의 지위에 머물다가 마침내 천국에서 하느님이신 당신 아드님과 결합하도록 도와주소서.

5월 27일

주님께서 살해되시고 또 주님의 피로
모든 종족과 언어와 백성과 민족 가운데에서
사람들을 속량하시어 하느님께 바치셨습니다.

묵시 5,9 참조

하느님은 세상을 세우신 건축의 아버지이시며, 성모님은 그 재건축의 어머니이십니다.

하느님은 성자를 낳으셨으며, 그분을 통하여 만물이 창조되었습니다. 그리고 성모님이 낳으신 분의 활동을 통하여 만물이 구원을 받았습니다.

— 안셀모 성인

성모님, 제 모든 말과 행동이 세상의 구원을 위하여 티 없이 깨끗하신 어머니의 성심과 예수 성심에 결합되도록 저를 도와주소서.

5월 28일

내 안에 머물러라. 나도 너희 안에 머무르겠다.
내 안에 머무르고 나도 그 안에
머무르는 사람은 많은 열매를 맺는다.
너희는 나 없이 아무것도 하지 못한다.

요한 15,4-5

성모님이 당신의 태중에 그리스도를 잉태하신 것은 엄청난 특권이었습니다.
그리고 그 특권은 마음속에 예수님을 모시고 다니도록 선택받은 모든 이에게 물려주시는 유산입니다.

— 베드로 다미아니 성인

성모님, 언제나 제 마음속에 그리스도를 모시고 다니며, 그분의 마음에 드는 일을 하도록 이끌어 주소서.

5월 29일

너희가 나를 찾으면
나를 만나게 될 것이다.
온 마음으로 나를 구하면
내가 너희를 만나 주겠다.
내가 너희를 다시 데리고 오겠다.

예레 29,13-14 참조

   우리는 성모님께 간청하며 기도해야 합니다. 우리는 경탄하올 어머니를 사랑해야 합니다.
   복음서에 있는 대로, 성모님은 지금도 당신 아드님께 부탁하시어, 일상적으로는 이루어질 수 없는 놀라운 기적들을 이루게 하십니다.

— 바오로 6세 성인 교황

저희의 인간적인 욕구와 슬픔을 알고 계신 성모님, 모든 근심 걱정을 어머니께 맡겨 드리오니, 언제나 하느님의 은혜로운 도우심을 받도록 도와주소서.

5월 30일

하느님을 경외하는 이들아 모두 와서 들어라.
그분이 나에게 하신 일을 들려주리라.
내 입으로 그분께 부르짖었으나
내 혀 밑에는 찬미 노래 있었네.

시편 66.16-17

   교회는 날마다 시간 전례 저녁 기도에서 '마리아의 노래(마니피캣Magnificat)'인 "내 영혼이 주님을 찬양하고"를 부릅니다.
   주님의 강생을 늘 일깨우는 이 노래는 신자들의 마음을 불타오르게 하고, 신자들은 성모님의 표양을 자주 묵상하며 힘을 얻게 됩니다.

— 베다 성인

성모님, 날마다 시간 전례를 거행하는 교회와 일치하도록 가르쳐 주시고, 어머니의 빛나는 찬가를 자주 부르게 하소서.

5월 31일

복되신 동정 마리아의 방문 축일

> 그 무렵에 마리아는 즈카르야의 집에 들어가
> 엘리사벳에게 인사하였다.
> 엘리사벳이 마리아의 인사말을 들을 때
> 그의 태 안에서 아기가 뛰놀았다.
>
> 루카 1,40-41 참조

우리 어머니이신 성모님의 마음은 온전히 사랑이며 자비입니다. 그분은 오로지 우리의 행복만을 바라십니다.

우리는 반드시 어머니께 의지해야만 합니다. 어머니가 우리의 기도를 들어주실 것입니다.

— 요한 마리아 비안네 성인

성모님, 성모님은 태중에 예수님을 모신 채 자비의 길을 떠나 엘리사벳을 찾아가셨습니다. 저도 성모님을 본받아 다른 사람들에게 관심을 기울이고 그들을 찾아가, 그들에게 예수님을 모셔다 드릴 수 있도록 이끌어 주소서.

예수 성심 성월

6월

6월 1일

하늘에 보물을 쌓아라.
거기에서는 좀도 녹도 망가뜨리지 못하고,
도둑들이 뚫고 들어오지도 못하며
훔쳐 가지도 못한다.
사실 너의 보물이 있는 곳에 너의 마음도 있다.

마태 6,20-21

성모님은 저의 위대한 보고이십니다. 성모님은 예수님 다음으로 저의 모든 것입니다.

성모님은 저의 영예이고 사랑이시며, 제 덕행의 보물 창고이십니다. 성모님 안에서 성모님을 통하여 저는 모든 것을 합니다.

— 루도비코 마리아 그리뇽 드 몽포르 성인

성모님, 성모님은 예수님 다음으로 저희의 위대한 보고이십니다. 모든 것 위에 드높이 어머니를 모시며, 언제나 어머니와 일치하여, 어머니를 통하여 당신 아드님 예수님께 나아가도록 도와주소서.

6월 2일

내 딸아, 들어라.
이삭을 주우러 다른 밭으로 갈 것 없다.
수확하는 밭에서 눈을 떼지 말고 있다가
여종들 뒤를 따라가거라.

룻 2,8-9

룻과 마찬가지로, 성모님도 수확하는 이들을 따라 이삭을 줍도록 허락을 받았습니다.
성모님이 뒤따르는 이들은 하느님을 위하여 끊임없이 영혼들을 수확하는 열성적인 이들입니다. 그러나 오직 성모님만이 수확하는 이들에게도 버림받은 가장 어려운 영혼을 구하도록 허락받았습니다.

— 보나벤투라 성인

성모님, 마음이 굳게 닫힌 이들을 변화시켜 주시고, 그들이 예수님께 돌아오도록 이끌어 주소서.

6월 3일

나는 시온에 자리 잡았다.
그분께서는 이처럼 사랑받는 도성에서
나를 쉬게 하셨다.
나의 권세는 예루살렘에 있다.

집회 24,10-11

이 집회서 구절에서 "예루살렘"이라는 말은 지상에서 싸우는 교회와 더불어 천국에서 승리하는 교회를 가리킵니다.

참으로 창조주의 어머니는 지상에서나 천국에서나 모두 권세를 지니고 계십니다.

— 보나벤투라 성인

성모님, 성모님은 가장 든든한 힘을 지니신 동정녀이십니다. 제가 더 나은 사람이 되도록 이끌어 주시고, 이 세상을 모든 사람이 안전하고 평화롭게 살아가는 곳으로 만들어 주소서.

6월 4일

아브람이 주님을 믿으니,
주님께서 그 믿음을
의로움으로 인정해 주셨다.

창세 15,6

성모님은 아브라함의 믿음을 물려받은 상속자이시며 그 믿음의 완성이십니다. 바로 아브라함을 믿음 안에서 '우리 아버지'로 여기듯, 더 큰 이유로 성모님을 '우리 어머니'로 모셔야 합니다.

성모님의 신앙과 순종을 통하여, 지상의 모든 가정이 하느님이 아브라함에게 하신 약속에 따라 많은 복을 받을 것입니다(창세 12,3 참조).

— 요한 바오로 2세 성인 교황

성모님, 제가 어머니의 믿음을 따라 살게 하소서. 그리고 그 믿음이 끊임없이 자라나, 마침내 천국에서 그 믿음으로 어머니를 뵙게 하소서.

6월 5일

너희는 "무엇을 먹을까?", "무엇을 마실까?",
"무엇을 차려입을까?" 하며 걱정하지 마라.
이 모든 것도 곁들여 받게 될 것이다.

마태 6,31.33

    성모님의 손에 자신을 맡겨 드리십시오. 성모님이 모든 것을 헤아리시어 영혼과 육신에 필요한 것을 마련해 주실 것입니다.

    그러므로 어머니에 대한 무한한 신뢰로 평화를 누리십시오. 완전한 평화를 누리십시오.

— 막시밀리아노 마리아 콜베 성인

희망의 어머니이신 성모님, 제 삶을 어머니 손에 맡겨 드리오니, 저를 그리스도인의 기쁨으로 채우시어, 어떠한 상황에서도 평온한 마음을 지니게 해 주소서.

6월 6일

네가 보기에 계명을 잘 지키는
경건한 사람과 어울려라.
너에게 그보다 더 믿을 만한 자는 없다.

집회 37,12-13 참조

　예수님은 우리에게 복되신 어머니의 마음을 주셨습니다. 그러므로 하느님을 사랑하는 데 그 마음을 쓸 수 있고 또 써야 합니다.
　성모 성심이 참으로 우리의 마음이므로, 온 마음으로 하느님을 사랑해야 합니다.

— 요한 외드 성인

티 없이 깨끗하신 성모 성심이시여, 저를 어머니 성심에 바칩니다. 제 마음이 어머니의 마음을 닮고 또 예수 성심을 닮을 수 있도록 도와주소서.

6월 7일

거룩한 것을 거룩하게 지키는 이들은
거룩한 사람이 될 것이다.
그러므로 너희가 나의 말을 갈망하고 갈구하면
가르침을 얻을 것이다.

지혜 6,10-11 참조

    성모님은 예수님께 가는 확실한 길이며, 예수님을 완전하게 찾는 길입니다.
    성덕의 빛을 밝혀야 하는 거룩한 영혼들은 반드시 성모님을 통하여 예수님을 찾을 것입니다.

— 루도비코 마리아 그리뇽 드 몽포르 성인

성모님, 성모님은 저희를 확실하게 예수님께 인도해 주십니다. 언제나 성모님의 마음을 따르며 온 세상에 하느님이신 당신 아드님의 빛을 비출 수 있도록 이끌어 주소서.

6월 8일

내 백성아, 나의 가르침을 들어라.
내 입이 하는 말에 귀를 기울여라.
내가 입을 열어 격언을,
예로부터 내려오는 금언을 말하리라.

시편 78,1-2

성모님은 모든 신비를 담는 그릇이며 감실이십니다. 그 이전 세대에 감추어져 있던 모든 것이 그분에게서 드러났습니다.

게다가 하느님 구원 계획의 가장 놀라운 일이 그분께 달려 있었습니다.

— 그레고리오 타우마투르고 성인

성모님, 성모님처럼 모든 사람이 하느님의 구원 계획에서 저마다 할 일이 있음을 깨닫게 하소서. 또한 그 일이 아무리 어렵다 하더라도 맡은 바에 최선을 다하도록 도와주소서.

6월 9일 — 성 에프렘 부제 학자

다른 천사 하나가 금향로를 들고 나와
제단 앞에 섰습니다. 그리하여 천사의 손에서
향 연기가 성도들의 기도와 함께
하느님 앞으로 올라갔습니다.

묵시 8,3-4 참조

그 어디에도 비길 수 없는 하느님의 어머니는 가장 순수한 금향로이십니다.

그 금향로에서 우리들의 기도가 영원하신 하느님께 올라갑니다.

— 에프렘 성인

성모님, 성모님은 저희들의 기도를 끊임없이 하느님께 바치십니다. 하느님이신 당신 아드님께 제 죄악을 용서해 달라고 간청하시어, 천국에서 영원히 하느님께 기도를 드리게 해 주소서.

6월 10일

너희가 악해도 자녀들에게는
좋은 것을 줄 줄 알거든,
하늘에 계신 너희 아버지께서야
당신께 청하는 이들에게 좋은 것을
얼마나 더 많이 주시겠느냐?

마태 7,11

아드님이 아버지께 요청하시는 모든 것은 허락을 받습니다.
마찬가지로, 어머니가 아드님께 간청하시는 모든 것 또한 베풀어집니다.

— 요한 마리아 비안네 성인

언제나 저희 행복만을 생각하시는 성모님, 하느님께 자비를 청하는 저희를 위하여 빌어 주소서.

6월 11일

눈이란 눈이 모두 당신을 바라보고,
당신은 손을 펼치시어
살아 있는 모든 것을
은혜로 채워 주시나이다.

시편 145,15-16 참조

어머니이신 성모 성심은 언제나 우리에게 은총을 베푸시려는 커다란 열망을 지니고 계십니다.
성모님의 이러한 열망은 은총을 받고자 하는 우리의 열망보다 훨씬 더 크십니다.

— 알폰소 마리아 데 리구오리 성인

성모님, 성모님은 끊임없이 은총을 베푸시는 길을 찾으십니다. 날마다 어머니께 은총을 간청하오니, 오늘 필요한 은총을 베풀어 주소서.

6월 12일

계명을 잘 지켜,
주 너희 하느님을 사랑하고
그분의 모든 길을 따라 걸으며,
그분의 계명을 지키고 그분께만 매달리면서,
마음을 다하고 목숨을 다하여 그분을 섬겨라.

여호 22,5 참조

원죄에 물들지 않으신 성모님을 사랑하십시오! 성모님을 신뢰하고, 자기 자신을 성모님께 온전히 봉헌하십시오.

모든 것을 바로 성모님이 우리의 자리에서 하시듯이, 특별히 성모님이 하느님을 사랑하시는 것처럼, 하느님 사랑으로 하십시오.

— 막시밀리아노 마리아 콜베 성인

성모님, 저 자신을 어머니께 완전히 바칩니다. 제가 어머니를 사랑하고, 모든 일에서 어머니의 모범을 따르며, 평생 동안 어머니가 하느님을 사랑하신 것처럼 하느님을 사랑하도록 이끌어 주소서.

6월 13일   파도바의 성 안토니오 사제 학자 기념일

이제 여러분이 죄에서 해방되고
하느님의 종이 되어 얻는 소득은
성화로 이끌어 줍니다.
또 그 끝은 영원한 생명입니다.

로마 6,22

    성모님, 성모님의 이름을 소중히 모시는 사람들은 행복합니다.
    성모님의 은혜로 그들은 온갖 시련을 이겨 내며, 구원의 열매를 맺을 것입니다.

— 파도바의 안토니오 성인

성모님, 어머니의 거룩한 이름이 언제나 제 입술과 마음속에 머물게 해 주소서. 어머니의 이름이 지상 생활의 거룩한 비결이 되고, 천국의 영원한 행복으로 들어가는 열쇠가 되게 해 주소서.

6월 14일

마리아가 아들을 낳으리니
그 이름을 예수라고 하여라.
그분께서 당신 백성을 죄에서 구원하실 것이다.
마태 1,21

 성모님은 하느님의 어머니가 되시어, 죄인들을 위한 구원의 도구가 되셨습니다.
 또한 죄인들은 성모님을 찬양하며 구원을 받습니다.

— 안셀모 성인

죄인들의 피신처이신 성모님, 제가 합당하게 고해성사를 보아, 온갖 죄를 용서받고, 영원토록 어머니께 찬양 노래를 부르도록 이끌어 주소서.

6월 15일

오너라, 우리 시비를 가려보자.
너희의 죄가 진홍빛 같아도 눈같이 희어지고
다홍같이 붉어도 양털같이 되리라.

이사 1,18

    우리가 중죄인일수록 성모님은 우리에게 더 많은 연민과 애정을 베푸실 것입니다.
    어머니께 가장 많은 눈물을 쏟게 한 자녀가 어머니 마음에 가장 가까이 있습니다.

— 요한 마리아 비안네 성인

성모님, 성모님은 저희에 대한 연민으로 가득하십니다. 제가 죄에 떨어질 때, 언제나 사랑하는 어머니의 자비에 의탁하도록 도와주소서.

6월 16일

주님께서 여러분의 마음을 이끄시어,
하느님의 사랑과 그리스도의 인내에
이르게 해 주시기를 빕니다.

2테살 3,5

  극도의 상처를 입으신 그리스도의 사랑은 어느 하나 빠짐없이 성모님의 성심으로 고스란히 옮겨졌습니다.
  그리하여 성모님은 첫째가는 계명을 그 모든 부분에서 가장 작은 것까지도 충실하게 완전히 이행하셨습니다.

— 베르나르도 성인

성모님, 하느님을 향한 성모님의 사랑은 모든 인간의 사랑을 합친 것보다 훨씬 더 큽니다. 마음을 다하고, 정신을 다하고, 목숨을 다하여, 하느님을 사랑하도록 가르쳐 주소서.

6월 17일

주인이 자기 집 종들을 맡겨
제때에 정해진 양식을 내주게 할 충실하고
슬기로운 집사는 어떻게 하는 사람이겠느냐?
행복하여라, 주인이 돌아와서 볼 때에
그렇게 일하고 있는 종!

루카 12,42-43

우리가 반드시 해야 할 일이 하나 있습니다. 곧, 복되신 동정녀께 기도해야 합니다.

성모님이 우리 주님을 사랑하시는 것처럼 우리가 주님을 사랑하며, 살아서나 죽어서나 주님께 충실히 머무는 은총을 베풀어 달라고 성모님께 간청합시다.

― 마리아 베르나데트 수비루 성녀

가장 성실하신 동정녀이신 성모님, 하느님을 사랑하고 모든 일에서 하느님께 충실히 머무는 은총을 베풀어 주소서.

6월 18일

주님께서는
당신의 사랑과 당신의 동정으로
그들을 구원해 주셨다.
지난 세월 모든 날에
그들을 들어 업어 주셨다.

이사 63,9 참조

복되신 동정녀는 당신의 생애에서 저 모성애의 모범이 되셨습니다.

그 모성애로 교회의 사도직 사명 안에서 사람들이 새로 나도록 협력하는 모든 이가 활력을 찾아야 합니다.

― 제2차 바티칸 공의회 문헌, 교회에 관한 교의 헌장 〈인류의 빛〉, 65항 참조

성모님, 성모님은 당신 사랑으로 사도직 일꾼들의 모범이 되십니다. 제가 비신자들을 위하여 기도하며, 하느님이신 당신 아드님을 그들에게 증언하는 그리스도인 사도직을 제대로 수행하도록 이끌어 주소서.

6월 19일

그들은 다시 당신께 부르짖었습니다.
그러면 당신께서는 하늘에서 들으시고
당신 자비에 따라 그들을
여러 번 구해 주셨습니다.

느헤 9,28

성모님은 그저 자비의 어머니라 불리시는 것이 아닙니다. 성모님이 '바로' 자비의 어머니이십니다.
성모님은 자애로 우리를 모두 도우시어, 당신이 자비의 어머니이심을 증명하셨습니다.

— 알폰소 마리아 데 리구오리 성인

자비의 어머니이신 성모님, 하느님이신 당신 아드님 앞에서 낮이든 밤이든 저를 위하여 빌어 주소서. 어머니의 자비로, 제가 영원히 버림받지 않도록 보호해 주소서.

6월 20일

필립보가 예수님께,
"주님, 저희가 아버지를 뵙게 해 주십시오.
저희에게는 그것으로 충분하겠습니다." 하자,
예수님께서 그에게 말씀하셨다.
"나를 본 사람은 곧 아버지를 뵌 것이다."

요한 14,8-9 참조

    예수 그리스도의 본성은 우리를 하느님 아버지께 확실히 인도하시는 것입니다.
    이와 마찬가지로, 복되신 동정녀의 본성은 우리를 예수님께 확실히 이끌어 주시는 것입니다.

— 루도비코 마리아 그리뇽 드 몽포르 성인

성모님, 성모님은 저희를 예수님께로 이끄시는 확실한 인도자이십니다. 제가 예수님 안에서 성모님을 뵙고, 성모님 안에서 예수님을 뵙는 법을 배우게 하소서.

6월 21일　　　　　　　　　성 알로이시오 곤자가 수도자 기념일

내가 하느님의 자비에 힘입어
여러분에게 권고합니다. 여러분의 몸을
하느님 마음에 드는 거룩한 산 제물로 바치십시오.
이것이 바로 여러분이 드려야 하는
합당한 예배입니다.
로마 12,1

　성모님, 오늘과 평생 모든 날 그리고 제가 죽는 날, 제 몸과 영혼을 성모님의 안전한 보호에 맡겨 드립니다.
　성모님의 거룩한 전구로, 저의 모든 행동이 성모님의 뜻과 하느님이신 당신 아드님의 뜻에 따라 이루어지게 하소서.

— 알로이시오 곤자가 성인

성모님, 알로이시오 곤자가 성인의 모범을 따라, 모든 희망과 위로, 모든 시련과 불행, 제 삶과 그 마지막을 성모님께 바치오니 받아 주소서.

6월 22일

진실한 마음과 확고한 믿음을 가지고
하느님께 나아갑시다. 우리의 마음은
악에 물든 양심을 벗고 깨끗해졌으며,
우리의 몸은 맑은 물로 말끔히 씻겼습니다.

히브 10,22 참조

  우리는 늘 하느님의 어머니께 의지해야 합니다. 정녕 성모님은 초자연적 생명의 어머니이시며 은총의 어머니이십니다.
  주님은 우리가 언제나 성모님께 다가가 성모님을 통하여 모든 은총을 받기를 바라고 계십니다.

— 막시밀리아노 마리아 콜베 성인

천상 은총의 어머니이신 성모님, 나날이 깨끗한 마음으로 어머니께 나아가, 하느님께서 어머니를 통하여 날마다 주고자 하시는 은총을 받도록 도와주소서.

6월 23일

너희는 저들 가운데에서 나와 저들과 갈라져라.
— 주님께서 말씀하신다. —
나는 또 너희에게 아버지가 되고
너희는 나에게 아들딸이 되리라.

2코린 6.17-18 참조

    예수님이 아버지이시라면, 성모님은 우리 영혼의 어머니이십니다. 성모님은 우리에게 예수님을, 그리고 초자연적 생명을 주셨습니다.

    성모님은 해골 터에서 우리 구원을 위하여 당신 아드님을 봉헌하시고, 우리를 은총의 삶으로 새로 태어나게 하셨습니다.

— 알폰소 마리아 데 리구오리 성인

제 영혼의 어머니이신 성모님, 제 영혼을 돌보아 주소서. 언제나 어머니와 결합되어, 온갖 죄에서 벗어나 은총의 지위에서 살아가도록 도와주소서.

성 요한 세례자 탄생 대축일　　　　　　　　　　　6월 24일

주님께서 너희에게 마음을 주시고
너희를 선택하신 것은,
주님께서 너희를 사랑하시어,
너희 조상들에게 하신 맹세를
지키시려는 것이었다.

신명 7,7-8 참조

　성모님의 심장을 뛰게 하는 하느님 사랑보다 더 나은 보물이 무엇이겠습니까?
　바로 하느님 사랑의 용광로와 같은 이 성모 성심에서, 복되신 동정녀는 지극히 열렬한 사랑의 말씀을 꺼내셨습니다.

— 시에나의 베르나르디노 성인

성모님, 성모님은 하느님 사랑으로 가득 차 계십니다. 저에게도 그 사랑을 나누어 주시어, 할 수 있는 대로 최대한 하느님을 사랑하게 해 주소서.

6월 25일

그대의 모습을 보게 해 주오.
그대의 목소리를 듣게 해 주오.
그대의 목소리는 달콤하고
그대의 모습은 어여쁘다오.

아가 2,14

　어서 와, 자애로우신 어머니 발 앞에 엎드립시다.
　성모님이 우리를 축복하시고 당신 자녀로 받아들이실 때까지, 그분 발을 꼭 붙들고 놓지 마십시오.

— 베르나르도 성인

성모님, 성모님은 모든 어머니 가운데 가장 좋은 분이십니다. 성모님의 자녀가 되고 싶사오니, 하느님이신 당신 아드님의 가르침을 따르며 언제나 어머니 곁에 머물도록 도와주소서.

6월 26일

찾고 구하여라,

그러면 지혜가 너에게 알려지리라.

지혜를 얻으면 놓치지 마라.

집회 6,27

 숨을 쉰다는 것은 살아 있다는 표시일 뿐만 아니라 바로 그 생명의 원인이 되기도 합니다.

 이와 마찬가지로, 신자들이 끊임없이 입에 올리는 성모님의 이름은 초자연적 생명의 현존을 증명합니다. 그뿐만 아니라 바로 그 생명을 불러일으키고 보존하며, 모든 일에서 신자들의 힘을 북돋아 줍니다.

— 제르마노 성인

성모님, 성모님의 거룩한 이름이 언제나 제 입술과 마음에 머물게 하소서. 그 거룩한 이름으로 죄에서 벗어나, 어머니를 통하여 예수님에게서 받는 신적인 생명을 보존하게 해 주소서.

6월 27일 — 알렉산드리아의 성 치릴로 주교 학자

어찌 하느님께서 땅 위에 계시겠습니까?
저 하늘, 하늘 위의 하늘도
당신을 모시지 못할 터인데,
제가 지은 이 집이야 오죽하겠습니까?

1열왕 8,27

  하느님의 어머니는 무한하신 하느님을, 온 우주도 담을 수 없는 하느님을 그분 품에 안고 계셨습니다.
  성모님을 통하여, 삼위일체 하느님이 흠숭을 받으셨습니다. 또한 악마들이 패배하고 사탄이 하늘에서 쫓겨났으며, 타락한 우리 본성이 하늘로 들어 높여졌습니다.

— 알렉산드리아의 치릴로 성인

성모님, 온 우주도 담을 수 없는 하느님을 모시고 다니신 어머니를 공경합니다. 예수님의 은총을 통하여 제 안에 계신 하느님의 현존을 언제나 깨닫고 살도록 도와주소서.

성 이레네오 주교 순교자 기념일 6월 28일

구세주께서는 당신을 받아들이는 이들,
당신의 이름을 믿는 모든 이에게
하느님의 자녀가 되는 권한을 주셨다.

요한 1,12 참조

세상에는 늘 구원받아야 할 사람이 있어서, 창조 이전부터 계신 구세주가 우리를 구원하러 오셨습니다.

그래서 순종하시는 동정녀 마리아가 이렇게 말씀하십니다. "보십시오, 저는 주님의 종입니다. 말씀하신 대로 저에게 이루어지기를 바랍니다."(루카 1,38)

— 이레네오 성인

성모님, 성모님은 구원받은 사람들 가운데 맏이이시며, 인류 구원에 협력하셨습니다. 저도 예수님께서 이룩하신 구원의 열매를 모든 사람에게 전하는 데 협력하도록 이끌어 주소서.

성 베드로와 성 바오로 사도 대축일

아버지께서는 다른 보호자를 너희에게 보내시어,
영원히 너희와 함께 있도록 하실 것이다.
그분께서 너희와 함께 머무르시고
너희 안에 계실 것이다.

요한 14,16-17 참조

    교회 안에서 우리 영혼들은 성령께 보호를 받고 있습니다.

    바로 성모님이 당신의 기도로 우리를 위하여 힘과 기쁨과 위로를 얻어 주십니다. 바로 성모님이 우리의 뜻을 하느님을 향한 사랑으로 채우시어, 하느님이신 신랑께 기쁨을 드리고 계십니다.

— 프랑수아 리베르만 가경자

성모님, 제가 성령과 결합되도록 이끌어 주소서. 제 영혼의 손님이시며 하느님이신 성령의 거룩한 영감과 사랑의 인도를 따르도록 가르쳐 주소서.

6월 30일

어머님을 두고 돌아가라고
저를 다그치지 마십시오.
어머님 가시는 곳으로 저도 가고
어머님 머무시는 곳에 저도 머물렵니다.

룻 1,16

그 이름이 "보고 서두르다."라는 의미를 지닌 룻은 마리아의 예표였습니다.
참으로 성모님은 우리 불행을 보시고 서둘러 오시어, 자비로이 우리를 도와주십니다.

— 보나벤투라 성인

성모님, 룻처럼 성모님은 하느님이신 당신 아드님께서 구원하신 당신 백성과 확고히 결합되어 계십니다. 그러니 제 불행을 보시고 서둘러 오시어 도와주소서.

7월

7월 1일

너희가 내 안에 머무르고
내 말이 너희 안에 머무르면,
너희가 원하는 것은 무엇이든지 청하여라.
너희에게 그대로 이루어질 것이다.

요한 15,7

  성모님 안에서 산다는 것은 우리 마음을 다해 성모님을 사랑한다는 것입니다.
  성모님을 많이 사랑한다는 것은 우리가 참으로 티 없이 깨끗하신 성모 성심 안에서 사는 것처럼 살아갈 수 있다는 뜻입니다.

— 루도비코 마리아 그리뇽 드 몽포르 성인

성모님, 성모님 안에서 사는 이들은 또한 하느님이신 당신 아드님 안에서 살아갑니다. 모든 순간을 성모님 안에서 살아, 천국에서 예수님과 어머니와 함께 영원히 살게 하소서.

7월 2일

그분의 충만함에서
우리 모두 은총에 은총을 받았다.
율법은 모세를 통하여 주어졌지만,
은총과 진리는 예수 그리스도를 통하여 왔다.

요한 1,16-17

  우리 주 예수 그리스도는 우리를 위하여 빛나는 은총의 보물을 얻어 주셨습니다.

  그러나 하느님의 계획 안에서, 성모님의 중개가 없다면 우리는 아무것도 얻지 못합니다.

― 레오 13세 교황

성모님, 성모님을 통하지 않고서는 아무도 은총을 받지 못합니다. 어머니께 날마다 필요한 은총을 간청하오니, 어떠한 처지에서든 주님께 충실하도록 도와주소서.

7월 3일

나를 먹는 이들은 더욱 배고프고
나를 마시는 이들은 더욱 목마르리라.
나에게 순종하는 이는 수치를 당하지 않고
나와 함께 일하는 이들은 죄를 짓지 않으리라.

집회 24,21-22

분명히 그대는 하느님이 거절하시는 일을 겪고 싶지 않을 것입니다.
그렇다면 선행이든 기도든, 무엇이든 하느님께 그냥 드리지 말고, 오로지 성모님의 손에 맡겨 드리십시오.

— 베르나르도 성인

성모님, 오늘 제 모든 선행과 기도를 어머니의 손을 통하여 하느님이신 당신 아드님께 바치도록 이끌어 주소서.

7월 4일

제 고난을 통하여,
의로운 나의 종은 많은 이들을 의롭게 하고
그들의 죄악을 짊어지리라.
또 그가 많은 이들의 죄를 메고 갔다.

이사 53,11-12 참조

  예수님은 "이분이 네 어머니시다." 하고 말씀하셨습니다. 이 말씀의 뜻은 이렇습니다.
  "나의 상처는 오직 어머니 마리아를 통하여 흘러나오는 은총의 샘이다."

— 크레타의 안드레아 성인

성모님, 성모님은 저희를 위하여 당신 아드님께서 수난으로 얻으신 은총의 샘이십니다. 예수님께 감사를 드리도록 도와주시고, 제 삶에 필요한 온갖 은총을 베풀어 주소서.

7월 5일

당신의 계명을 제가 믿사오니
올바른 지혜와 지식을 가르치소서.
이제는 당신 말씀을 따르나이다.

시편 119,66-67

    어떠한 처지에서든 성모님을 바라볼 때에, 곧바로 지혜로운 영감을 받을 것입니다.

    그러니 인내하며 사랑과 자애를 베푸십시오. 올바르게 처신하고 기꺼이 고통을 받아들여, 그 고통을 주님께 봉헌하십시오. 언제나 사랑하고 희망하며, 삶에 그리스도인의 진정한 의미를 부여하십시오.

— 바오로 6세 성인 교황

성모님, 성모님은 어떻게 살아야 하는지를 가르치는 스승이십니다. 어머니의 가르침을 간직하고 하느님이신 당신 아드님을 더욱더 가까이 따르도록 이끌어 주소서.

7월 6일

그래도 그분은 높은 구름에 명하시고
하늘의 문을 열어 주시어
하늘의 양식을 그들에게 주셨네.

시편 78,23-24 참조

   문지기에게 말하지 않고서는 그 집에 들어갈 수 없습니다.
   복되신 동정녀는 천국의 문지기이십니다. 우리는 성모님의 도우심을 간청하지 않고서는 천국에 들어갈 수 없습니다.

— 요한 마리아 비안네 성인

모든 사람이 천국에 들어가는 문이신 성모님, 지상에서 어머니의 도우심을 간청하오니, 성모님께 갈 때 천국 문을 빨리 열어 주소서.

7월 7일

영영 세세 당신 이름을 찬미하나이다.
나날이 당신을 찬미하고
영영 세세 당신 이름을 찬양하나이다.

시편 145,1-2

    성모님의 이름 그 자체에 눈부신 덕행과 감미로운 겸손의 광채, 하느님이 기뻐하시는 희생이 담겨 있습니다.
    성모님의 이름은 환대의 표지이며 성덕의 중심입니다.

— 프란치스코 하비에르 성인

성모님, 성모님의 거룩한 이름에 저를 온전히 봉헌하고자 합니다. 기쁠 때나 힘들 때나 열렬한 사랑으로 어머니의 이름을 부르며 끝없이 찬양하게 하소서.

7월 8일

제 십자가를 지고
나를 따르지 않는 사람도 나에게 합당하지 않다.
제 목숨을 얻으려는 사람은 목숨을 잃고,
나 때문에 제 목숨을 잃는 사람은
목숨을 얻을 것이다.

마태 10,38-39

성모님은 우리가 성모님을 위하여 일할 뿐만 아니라 성모님을 위하여 고통도 받아들이기를 바라십니다.
우리는 날마다 작은 십자가들을 조용히 견뎌야 하며, 그 십자가들이 나타나기를 바라기도 해야 합니다.

— 막시밀리아노 마리아 콜베 성인

성모님, 날마다 어머니와 함께 십자가를 지고 가도록 도와주소서. 저희 죄 때문에 고난을 받으시고 돌아가신 주님의 고통을 어머니와 함께 나누어 받게 하소서.

7월 9일

그가 지혜를 신뢰하면 지혜를 상속받고
그의 후손들도 지혜를 얻으리라.
지혜는 그를 즐겁게 하고
자신의 비밀을 보여 주리라.

집회 4,16.18 참조

    교회가 성모님께 두는 신뢰를 보십시오.
    온갖 재난 속에서, 신자들은 구일 기도를 바치고, 기도와 행렬을 하며, 성모님께 봉헌된 성당과 순례지들을 찾아가 변함없이 성모님의 보호를 간청합니다.

— 알폰소 마리아 데 리구오리 성인

성모님, 온 교회가 어머니를 신뢰하고 있습니다. 제 삶에서 온갖 어려움과 곤경에 처할 때에 어머니를 완전히 신뢰하도록 가르쳐 주소서.

7월 10일

하느님 우리 아버지와
주 예수 그리스도에게서
은총과 평화가 여러분에게 내리기를 빕니다.

로마 1,7

　성모님은 모든 은총의 근원이신 주님을 낳으시어 지상의 생명을 드렸습니다.
　그러한 까닭에, 성모님은 은총의 어머니라고 불리십니다.

— 루도비코 마리아 그리뇽 드 몽포르 성인

성모님, 성모님은 은총의 어머니이시며, 저희에게 하느님의 생명을 주셨습니다. 저에게 필요한 은총과 온 세상과 교회에 절실히 필요한 은총을 하느님이신 당신 아드님에게서 얻어 주소서.

7월 11일

내가 진실로 너희에게 말한다.
너희가 믿음을 가지고 의심하지 않으면,
너희가 기도할 때에 믿고 청하는 것은
무엇이든지 다 받을 것이다.

마태 21,21-22 참조

    우리가 하느님께 많은 은총을 간청해도 그 은총을 얻지 못할 수 있습니다.
    그러나 성모님께 간청한다면, 우리는 많은 은총을 받을 것입니다. 이는 하느님보다 성모님이 더 많은 힘을 지니고 계신다는 말이 아니라, 하느님이 당신 어머니께 영광을 드리려고 그러시는 것입니다.

— 안셀모 성인

성모님, 하느님이신 당신 아드님께서 어머니께 드린 능력을 믿게 하소서. 또한 제 평생 모든 날 예수님의 참된 제자가 되어, 천국에서 어머니의 영광을 영원히 노래하는 은총을 베풀어 주소서.

7월 12일

너는 상품들로
많은 민족들을 만족시키고,
너의 그 많은 재물로
세상의 임금들을 부유하게 만들었다.

에제 27,33 참조

    우리가 하느님에게서 받는 모든 은총과 은사는 성모님의 손으로 베풀어집니다.
    성모님이 어여삐 여기시는 이들에게, 성모님이 원하시는 때에, 그분 마음에 드는 방식으로 은총이 베풀어집니다.

— 시에나의 베르나르디노 성인

성모님, 성모님은 어머니의 배려에 맡겨진 영적인 은혜를 너그러이 베푸십니다. 어머니의 은혜를 받는 모든 이가 자신의 삶에서 부지런히 그 은혜를 활용하게 해 주소서.

7월 13일

그는 두드려 만들어
온갖 보석으로 장식한 황금 그릇 같았다.
그는 열매들이 달린 올리브 나무 같고
구름까지 치솟은 송백 같았다.

집회 50,9-10 참조

    복되신 동정 마리아는 그분의 겸손 때문에 "그릇"과 같은 분이십니다.
    또한 그분의 청빈 때문에 "황금"으로 만들어진 그릇이시며, 그분의 동정 때문에 "온갖 보석으로 장식한" 그릇이십니다.

— 파도바의 안토니오 성인

겸손과 청빈과 동정의 전형이신 성모님, 어머니를 따라 살아가며, 참으로 겸손하고 가난한 정신과 순결한 마음을 지니게 해 주소서.

7월 14일

주님의 법령을 되새기고
언제나 그분의 계명을 묵상하여라.
그분께서 네 마음을 든든히 잡아 주시고
갈망하는 지혜를 너에게 주시리라.

집회 6,37

  식물들은 태양의 빛과 열을 받아, 땅에서 자라나 열매를 맺습니다.
  좋은 생각들은 태양이신 성모님의 빛나는 영감을 받아, 영혼들 안에서 무성하게 자라납니다.

— 비오 12세 교황

저희에게 좋은 생각을 불어넣어 주시는 성모님, 하느님이신 당신 아드님과 어머니를 마음 깊이 모시고, 언제나 예수님께서 기뻐하시는 일을 하도록 이끌어 주소서.

7월 15일   성 보나벤투라 주교 학자 기념일

주님께서는 그들 앞에 서서 가시며,
낮에는 구름 기둥 속에서 길을 인도하셨다.
구름 기둥이 백성 앞을 떠나지 않았다.

탈출 13,21-22 참조

　성모님은 "구름 기둥"이십니다.
　성모님은 하느님의 진노로 타오르는 빛살과 유혹의 화염을 가려 우리를 보호해 주십니다.

— 보나벤투라 성인

밤낮으로 끊임없이 저희를 보호하시는 성모님, 제가 온갖 유혹을 물리치고, 제 소명과 교회와 하느님께 참으로 충실하게 살아가도록 도와주소서.

카르멜산의 복되신 동정 마리아   7월 16일

귀를 기울이시고 눈을 뜨시어
당신의 이 종이 올리는 기도를 들어 주십시오.
이제 저는 밤낮으로 당신 백성을 위하여
당신 앞에서 기도합니다.

느헤 1,6 참조

성모송은 모든 기도문 가운데 주님의 기도 다음으로 가장 아름다운 기도이며, 성모님께 바칠 수 있는 가장 아름다운 찬사입니다.

마땅히 이 기도를 바친다면, 또한 이 찬사로 성모님의 마음을 얻을 것입니다.

— 루도비코 마리아 그리뇽 드 몽포르 성인

은총이 가득하신 마리아님, 기뻐하소서! 주님께서 함께 계시니 여인 중에 복되시며, 태중의 아들 예수님 또한 복되시나이다.

7월 17일

그는 그분 지혜의 말씀을 쏟아 내고
기도 중에 그분께 감사를 드리리라.
그는 의견과 슬기를 올바로 갖추고
그분의 신비를 묵상하리라.

집회 39,6-7 참조

　　성모송을 정성스럽게 바치면 마귀도 도망칠 것입니다.
　　성모송은 영혼의 성화이고, 천사들의 기쁨이며, 선택받은 사람의 노래입니다. 신약의 찬가이며, 성모님의 즐거움이고, 성삼위 하느님의 영광입니다.

— 루도비코 마리아 그리뇽 드 몽포르 성인

천주의 성모 마리아님, 이제와 저희 죽을 때에, 저희 죄인을 위하여 빌어 주소서.

7월 18일

다른 민족들도 내 입을 통하여
복음의 말씀을 들어 믿게 하시려고
하느님께서 일찍이 나를 뽑으셨습니다.

사도 15,7 참조

마리아는 하느님의 어머니가 되시어, 죄인들을 위한 구원의 도구가 되셨습니다.
죄인들은 이렇게 성모님을 찬양하며 구원을 받습니다.

— 안셀모 성인

성모님, 성모님을 찬양하고, 다른 사람들에게 성모님의 공로와 권능과 자비를 전하며, 성모님을 공경하는 참된 신심으로 그들을 인도하게 하소서.

7월 19일

나를 본받는 사람이 되십시오.
여러분이 우리를 본보기로 삼는 것처럼
그렇게 살아가는 다른 이들도
눈여겨보십시오.

필리 3,17

성모님은 우리가 가닿지 못하는 모든 덕행의 전형이십니다.

우리는 성모님을 바라보며 신성의 광채에 압도되는 느낌을 받지 않습니다. 오히려 같은 본성의 인정에 이끌리며, 커다란 확신으로 성모님을 본받으려고 노력합니다.

— 레오 13세 교황

저희 신앙생활의 모범이신 성모님, 성모님의 위대하신 덕행과 성덕을 조금이라도 본받아, 성모님을 따라 천국에 들어가도록 도와주소서.

7월 20일

나는 주님 안에서 크게 기뻐하고
내 영혼은 나의 하느님 안에서 즐거워하리니
그분께서 나에게 구원의 옷을 입히시고
의로움의 겉옷을 둘러 주셨기 때문이다.

이사 61,10

성모님은 교회에 약속된 완전한 기쁨으로서 살아 계십니다.
지상에 사는 성모님의 자녀들은 희망의 어머니이시며 은총의 어머니이신 성모님께 달려갑니다. 우리 기쁨의 연유이신 성모님을 부르며 간구합니다.

— 바오로 6세 성인 교황

성모님, 성모님은 '저희 기쁨의 연유'이십니다. 하느님이신 당신 아드님께서 약속하신 영원한 기쁨만을 바라보며, 제 평생 모든 날 그리스도인의 기쁨으로 가득 차게 하소서.

7월 21일 　　　　　　　　　　　　　브린디시의 성 라우렌시오 사제 학자

보라, 하느님은 나의 구원.
신뢰하기에 나는 두려워하지 않는다.
주님은 나의 힘, 나의 굳셈.
나에게 구원이 되어 주셨다.

이사 12,2

　하와는 마귀를 믿었습니다. 그리고 세상이 멸망했습니다.
　마리아는 하느님의 천사를 믿었습니다. 그리고 세상이 구원을 받았습니다.

— 브린디시의 라우렌시오 성인

성모님, 온갖 유혹이 괴롭힐 때에 오직 하느님만을 믿도록 이끌어 주시어, 천국 본향에 이르도록 도와주소서.

7월 22일

생명을 사랑하고
좋은 날을 보려는 이는
악을 멀리하고 선을 행하며
평화를 찾고 또 추구하여라.

1베드 3,10-11 참조

참된 성모 신심은 거룩한 것입니다.
그 신심은 죄를 피하고 성모님의 덕행을 본받도록 영혼을 이끌어 줍니다.

— 루도비코 마리아 그리뇽 드 몽포르 성인

성모님, 성모님을 공경하는 참된 신심은 죄를 피하고 선행을 하도록 도와줍니다. 성모님에 대한 신심을 북돋아 주시어, 하루하루 순간순간 모든 삶이 어머니를 향한 신심으로 거룩해지게 하소서.

7월 23일   성녀 비르지타 수도자

주님, 당신은 영원히 다스리시니
대대로 당신을 기억하나이다.
민족들이 주님 이름을 경외하리이다.

시편 102,13.16 참조

  마귀들은 인간의 영혼을 잡아먹으려고 끊임없이 돌아다닙니다.
  그러나 성모님의 이름만 불러도, 마귀들은 즉시 먹이를 포기하고 도망칩니다.

― 비르지타 성녀

성모님, 하느님의 뜻에 따라, 성모님의 이름은 온갖 죄악을 치유하는 강력한 영약이십니다. 괴로울 때에 성모님의 이름을 부르고, 기쁠 때에 그 이름을 찬양하도록 도와주소서.

7월 24일

왕비는 비천하였던 날들을 생각해 보시오.
하느님께 간청하고 임금님께 우리 사정을
말씀드려서 우리를 죽음에서 구하시오.

에스 4,8 참조

　우리는 바다의 거친 풍랑 속에서 길을 잃었습니다. 하느님은 멀리 계십니다. 폭풍이 몰아치는 순간마다 뒤흔들립니다.
　우리는 바로 영적인 죽음의 아귀 앞에 놓여 있습니다. 따라서 우리는 부르짖습니다. "은총이 가득하신 마리아님……."

— 파도바의 안토니오 성인

성모님, 성모님은 삶의 어둠 속에서 길을 밝히는 횃불이십니다. 제 정신을 비추시며 제 마음을 여시고 제 뜻을 다스리시어, 영원한 항구에 이를 때까지 안전한 길을 가도록 이끌어 주소서.

7월 25일

나는 네가 청하지 않은 것도
너에게 준다. 네가 만일 내 길을 걸으며,
내 규정과 내 계명을 지키면
네 수명도 늘려 주겠다.

1열왕 3,13-14 참조

    성모님은 우리가 당신께 간청하기를 애타게 바라고 계십니다. 우리가 부르짖을 때에 성모님은 매우 풍성한 은혜를 베풀고자 하십니다.
    성모님은 당신에 대하여 좋지 않게 이야기하는 자들만이 아니라, 당신께 은총을 간청하지 않는 사람들 때문에도 참으로 마음 아파하십니다.

— 보나벤투라 성인

성모님, 성모님은 저희가 그저 청하기만 하면 풍성한 은총을 베풀고자 하십니다. 온갖 곤경에서 필요할 때마다 어머니께 달려가 도움을 받게 해 주소서.

복되신 동정 마리아의 부모 성 요아킴과 성녀 안나 기념일　　7월 26일

그때 만물의 창조주께서 내게 명령을 내리시고
나를 창조하신 분께서 내 천막을 칠 자리를
마련해 주셨다. 그분께서 말씀하셨다.
"야곱 안에 거처를 정하고
이스라엘 안에서 상속을 받아라."

집회 24,8

　그리스도는 성모님의 태중에서 아홉 달 동안 머무셨습니다.
　그리스도는 세상 끝 날까지 교회의 신앙 감실 안에 머무르실 것입니다. 그리고 신자들의 깨달음과 사랑 안에 영원히 머무르실 것입니다.

— 스텔라의 이사악 성인

성모님, 성모님은 영혼과 육신이 하느님의 현존으로 빛나고 계십니다. 제 마음속에 영원히 예수님을 모시는 은총을 얻어 주소서.

7월 27일

그리스도께서 교회를 사랑하시고 교회를 위하여
당신 자신을 바치셨습니다. 그리스도께서
그렇게 하신 것은 교회를 거룩하게 하시고,
교회를 아름다운 모습으로 당신 앞에
서게 하시려는 것이었습니다.

에페 5,25-27 참조

   복되신 동정녀는 신적 모성의 은혜와 임무로 구세주이신 아드님과 일치되시고, 당신의 탁월한 은총과 임무로 교회와도 밀접히 결합되어 계십니다.
   믿음과 사랑 그리고 그리스도와 이루는 완전한 일치의 영역에서 천주의 성모님은 교회의 전형이십니다.

— 제2차 바티칸 공의회 문헌, 교회에 관한 교의 헌장 〈인류의 빛〉, 63항 참조

교회의 어머니이신 성모님, 제가 교회의 충직한 자녀가 되어, 하느님이신 당신 아드님의 구원을 받도록 도와주소서.

7월 28일

제자들은 모두,
여러 여자와 예수님의 어머니 마리아와
그분의 형제들과 함께
한마음으로 기도에 전념하였다.

사도 1,14 참조

   성모님은 그리스도의 완전한 제자이시고, 모든 덕행의 거울이시며, 예수님이 친히 선언하신 복음적 참행복의 전형이십니다.
   성모님 안에서 온 교회는 그리스도를 완전하게 본받는 진정한 모습을 봅니다.

— 바오로 6세 성인 교황

성모님, 성모님은 예수님의 가장 완전한 제자이십니다. 어머니의 모범을 따르는 은총을 얻어 주시어, 현세에서나 내세에서 '또 다른 그리스도'가 될 수 있도록 도와주소서.

7월 29일

돈이 없는 자들도 와서 사 먹어라.
내 말을 들어라. 너희가 좋은 것을 먹고
기름진 음식을 즐기리라.

이사 55,1-2 참조

   죄인들이여, 온갖 곤경에서 절망하지 말고, 오직 성모님께 의지하십시오.
   성모님을 부르며 도우심을 간청하십시오. 성모님은 언제나 기꺼이 도와주실 것입니다. 성모님이 온갖 곤경에 빠진 사람들을 도와주시는 것이 하느님의 뜻입니다.

— 바실리오 성인

죄인들의 마지막 희망이신 성모님, 제가 중죄에 떨어지는 불행을 겪을 때에, 진정한 회개의 은총을 베풀어 주소서.

성 베드로 크리솔로고 주교 학자 — 7월 30일

나는 정의의 길을, 공정의 길 한가운데를 걷는다.
그리하여 나는 나를 사랑하는 이들에게
재산을 물려주고 그들의 보물 곳간을 채워 준다.

잠언 8,20-21

성모님은 당신 은총으로 하늘에 영광을 드리고, 세상에 하느님을 주시며, 모든 민족에게는 신앙을 주십니다.
성모님은 온갖 악덕에 죽음을, 삶에는 질서를, 도덕에 규칙을 주십니다.

— 베드로 크리솔로고 성인

성모님, 성모님을 한결같은 전구자로 모시는 은총을 얻어 주소서. 성모님은 하느님께서 사랑하시는 따님이시므로, 온갖 곤경 속에서 성모님의 권능에 찬 도우심을 간청하게 하소서.

7월 31일

복음은 믿는 사람이면 누구에게나
구원을 가져다주는 하느님의 힘입니다.
복음 안에서 하느님의 의로움이 믿음에서 믿음으로
계시됩니다. 이는 성경에 "의로운 이는 믿음으로
살 것이다."라고 기록된 그대로입니다.

로마 1,16-17 참조

복되신 동정녀는 우리에게 당신의 믿음을 나누어 주십니다. 그 믿음은 일상적이거나 특별한 일들에 대한 모든 걱정을 없애 줄 것입니다.

그 믿음은 사랑으로 살아 움직여, 우리가 온전히 사랑으로 행동하게 할 것입니다.

— 루도비코 마리아 그리뇽 드 몽포르 성인

성모님, 성모님이 지상에서 지니셨던 큰 믿음이 지금 하늘에서 커다란 모습으로 빛나고 있습니다. 제가 하느님이신 당신 아드님의 참된 제자가 되도록 믿음을 굳건하게 해 주소서.

8월 1일 — 성 알폰소 마리아 데 리구오리 주교 학자 기념일

사람이 무엇이기에
당신께서는 그를 대단히 여기시고
그에게 마음을 기울이십니까?
아침마다 그를 살피십니까?

욥 7,17-18

모든 어머니의 자녀 사랑을 모으고, 남편들의 아내 사랑을 모두 모으고, 천사들과 성인들의 신자 사랑을 모두 다 합쳐 보십시오.

단 한 사람의 영혼을 돌보시는 성모님의 사랑이 이를 모두 합친 것보다 훨씬 더 큽니다.

— 알폰소 마리아 데 리구오리 성인

성모님, 성모님은 영혼들을 돌보시는 크나큰 사랑을 지니고 계십니다. 성모님 안에서 또 하느님이신 당신 아드님 안에서, 다른 사람들을 사랑하고, 특히 마음에 들지 않는 사람들까지도 사랑하여, 저를 위하시는 성모님의 사랑에 보답하도록 도와주소서.

성 베드로 율리아노 예마르 사제

그리스도께서 여러분이 사랑에 뿌리를 내리고
그것을 기초로 삼게 하시기를 빕니다.
그리하여 여러분이 인간의 지각을 뛰어넘는
그리스도의 사랑을 알게 해 주시기를 빕니다.

에페 3,17-19 참조

   예수님의 가장 내밀한 완덕과 그분 사랑의 가장 은밀한 매력을 알고 싶습니까?
   그렇다면 성모님의 성심에서 그 완덕과 매력을 찾으십시오!

— 베드로 율리아노 예마르 성인

성모님, 오랫동안 검증되고 신뢰해 온 그리스도인의 좌우명인 "성모님을 통하여 예수님께"를 언제나 명심하고 살게 해 주소서. 어머니의 성심 안에서 하느님이신 당신 아드님을 찾는 법을 배우게 해 주소서.

8월 3일

나의 비둘기, 나의 티 없는 여인은
오직 하나 그 어머니의 오직 하나뿐인 딸
그 생모가 아끼는 딸. 그를 보고
아가씨들은 복되다 칭송한다네.

아가 6,9 참조

    마리아의 모습, 마리아의 미소, 마리아의 감미로움, 하늘과 땅의 모후이신 마리아의 위엄!
    마리아의 아름다움은 다른 온갖 아름다움 가운데서 가장 뛰어나십니다. 그분의 아름다움 곁에서 다른 것은 모두 창백해집니다. 마리아는 하느님의 모든 피조물 가운데에서 가장 아름다우십니다.

— 비오 12세 교황

성모님, 지극히 아름다우신 성모님은 마땅히 찬양을 받으셔야 합니다. 어머니의 빛나는 표양을 본받고, 언제나 어머니의 마음 따라 살며, 어머니께 마땅한 공경을 드리게 해 주소서.

성 요한 마리아 비안네 사제 기념일　　　　　　　　　　8월 4일

여러분은 현세에 동화되지 말고
정신을 새롭게 하여 여러분 자신이 변화되게
하십시오. 그리하여 무엇이 하느님의 뜻인지,
무엇이 선하고 무엇이 하느님 마음에 들며
무엇이 완전한 것인지 분별할 수 있게 하십시오.
로마 12,2

　하느님의 뜻을 배우는 가장 확실한 길을 아십니까?
　그 길은 바로 자애로우신 우리 어머니 성모님께 기도하는 것입니다.

— 요한 마리아 비안네 성인

성모님, 성모님은 저희에게 하느님의 뜻을 가르쳐 주시는 계시자이십니다. 모든 상황에서 하느님의 뜻을 깨닫고 사랑과 끈기로 그 뜻을 이행하도록 도와주소서.

8월 5일

내가 설령 하느님께 올리는 포도주가 되어
여러분이 봉헌하는 믿음의 제물 위에 부어진다
하여도, 나는 기뻐할 것입니다.
여러분 모두와 함께 기뻐할 것입니다.

필리 2,17

  원죄에 물들지 않은 잉태는 또한 마리아의 희생을 요구합니다.

  그러므로 우리가 자신의 삶에서 전혀 희생을 하지 않는다면, 우리 자신을 주님과 성모님의 사랑받는 자녀로 여길 수 없습니다.

— 요한 23세 성인 교황

성모님, 성모님은 주님 성탄의 곤경에서부터 숨은 생활의 극기와 해골 터의 죽음에 이르기까지 주님과 함께 희생하셨습니다. 날마다 바치는 제 작은 희생도 주님의 희생 제사와 결합시켜 주소서.

주님의 거룩한 변모 축일　　　　　　　　　　　8월 6일

그 사람들은 유딧의 말을 들으면서
그의 얼굴을 살펴보았다.
그리고 그 아름다움에 크게 경탄하였다.

유딧 10,14 참조

　성모님의 얼굴과 그 모습은 인간의 첫째가는 품위인 순결한 삶을 북돋아 줍니다.
　성모님의 모습은 또한 죄악과 싸우는 사람들에게 구원을 가져다주고, 더욱더 완전한 삶으로 불린 이들의 구원이 됩니다.

― 비오 11세 교황

성모님, 성모님의 모습은 저희를 구원으로 이끕니다. 성모님의 영적인 아름다움을 마음속 깊이 새겨, 구원을 받게 해 주소서.

8월 7일   성 가예타노 사제

너희는 썩어 없어질 양식을
얻으려고 힘쓰지 말고, 길이 남아 영원한 생명을
누리게 하는 양식을 얻으려고 힘써라.
그 양식은 사람의 아들이 너희에게 줄 것이다.

요한 6,27

  복되신 동정 마리아가 영광스러우신 당신 아드님과 함께 우리에게 오시도록 끊임없이 간청하십시오. 담대히 요청하십시오.

  성체 안에서 영혼의 참된 양식이 되시는 그 아드님을 우리에게 주시라고 간청하십시오. 마리아는 기꺼이 아드님을 주실 것입니다.

— 가예타노 성인

성모님, 성모님은 언제나 저희에게 영혼의 양식을 주십니다. 위대하신 임금이시며 당신 아드님이신 그리스도의 방문을 기도와 선행으로 준비하도록 도와주소서.

8월 8일

베드로가 예수님께 대답하였다.
"주님, 저희가 누구에게 가겠습니까?
주님께는 영원한 생명의 말씀이 있습니다.
스승님께서 하느님의 거룩하신 분이라고
저희는 믿어 왔고 또 그렇게 알고 있습니다."

요한 6,68-69

"성모님, 저희가 누구에게 가겠습니까? 성모님께는 영원한 생명의 말씀이 있습니다!"
성모님은 언제나 하느님 앞에서 우리를 위하여 전구해 주십니다. 참으로, 성모님은 우리를 위하여 끊임없이 기적을 이루고 계십니다.

— 제르마노 성인

성모님, 성모님이 바치시는 기도는 예수님의 말씀처럼 구원을 가져다줍니다. 천국에서 어머니와 함께 영원한 사랑과 행복을 누릴 때까지 저희를 위하여 끊임없이 빌어 주소서.

8월 9일

주님께서 모든 민족들이 보는 앞에서
당신의 거룩한 팔을 걷어붙이시니
땅끝들이 모두 우리 하느님의 구원을 보리라.

이사 52,10

　이 동정녀를 통하여, 온 세상이 하느님의 영광으로 가득 차 있습니다.
　이 동정녀를 통하여, 모든 사람이 위대하신 하느님을 알게 되었습니다. 모든 사람이 하느님의 구원을 보았습니다.

— 일데폰소 성인

성모님, 성모님을 통하여 세상에 구원이 왔습니다. 아직까지도 하느님이신 당신 아드님을 모르는 사람들이 그분을 알고, 사랑하고, 섬기게 하소서.

8월 10일

주님을 경외하는 이의 영혼은 행복하다.
주님의 눈은 당신을 사랑하는 이들 위에 머무시니
그들에게 든든한 방패요 힘 있는 버팀목이시다.

집회 34,17.19

성모님, 사랑의 어머니, 당신 아드님 예수님을 사랑하시고 그 사랑을 저에게도 베푸소서.

당신 아드님께 지니신 그 사랑을 저에게도 나누어 주소서!

— 요한 외드 성인

성모님, 하느님이신 당신 아드님에 대한 어머니의 사랑은 모든 인간의 사랑을 합쳐 놓은 것보다 훨씬 더 큽니다. 제가 예수님에 대한 사랑을 키우고 그 사랑을 행동으로 드러낼 수 있도록 이끌어 주소서.

8월 11일

주님께서는 악인들을 멀리하시고
의인들의 기도는 들어 주신다.

잠언 15,29

    성모님의 기도와 요청은 하느님께 매우 큰 힘을 지니고 있어, 지엄하신 하느님께 그대로 전달됩니다.
    성모님의 기도는 언제나 겸손하고 하느님의 뜻에 맞기에, 하느님은 당신이 사랑하시는 어머니의 기도를 결코 거절하지 않으십니다.

— 루도비코 마리아 그리뇽 드 몽포르 성인

성모님, 저희를 위하여 빌어 주시는 성모님의 기도는 언제나 하느님의 뜻을 따릅니다. 제 뜻과 기도도 하느님이신 당신 아드님의 뜻을 따르도록 이끌어 주소서.

성녀 요안나 프란치스카 드 샹탈 수도자 　　　　　　8월 12일

거룩한 성소에서 하느님을 찬양하여라.
웅대한 창공에서 주님을 찬양하여라.
위대한 일 이루시니 주님을 찬양하여라.
그지없이 크시오니 주님을 찬양하여라.

시편 150,1-2

　하느님이 마리아에게 크나큰 복을 내리시고 그분을 당신 어머니로 뽑으셨으니, 하느님을 찬양하십시오.
　그러한 찬양 기도는 복되신 동정녀가 가장 기뻐하실 것입니다.

— 요안나 프란치스카 드 샹탈 성녀

성모님, 하느님께서 성모님을 통하여 이루신 위대한 일을 두고 하느님께 감사와 찬양을 드리게 하소서. 특히 제가 성모님을 통하여 받은 은총에 대하여 하느님께 감사드리게 하소서.

8월 13일

충실한 이들은 영광 속에 기뻐 뛰며
그 자리에서 환호하여라.
그들은 목청껏 하느님을 찬송하리라.

시편 149,5-6

   성모님, 모든 민족이 티 없이 깨끗하신 성모 성심을 찬양하게 하소서!
   온 세상이 성모님을 부르며 티 없이 깨끗하신 성모 성심을 찬양하게 하소서!

— 요한 마리아 비안네 성인

성모님, 성모님을 마땅히 공경하기에는 저희의 말이 너무 부족합니다. 저희가 끊임없이 성모님을 부르며 티 없이 깨끗하신 성모 성심을 찬양하게 하소서.

성 막시밀리아노 마리아 콜베 사제 순교자 기념일

8월 14일

> 백성은 멀찍이 서 있었다.
> 그들이 모세에게 말하였다. "우리에게는
> 당신이 말해 주십시오. 우리가 듣겠습니다.
> 하느님께서 직접 우리에게 말씀하시지 않도록
> 해 주십시오. 그랬다가는 우리가 죽습니다."
>
> 탈출 20,18-19 참조

우리가 완덕으로 자라나고 싶다 하더라도, 혼자 힘으로는 앞으로 나아갈 수 없습니다. 우리에게 인도자가 필요합니다.

그러므로 하느님께 나아갈 때에, 반드시 성모님을 통하여 성모님과 함께 가십시오!

— 막시밀리아노 마리아 콜베 성인

성모님, 은총과 성덕 안에서 성장하도록 도우시어, 천국의 영복 속에서 하느님이신 당신 아드님을 만날 수 있게 해 주소서.

8월 15일 — 성모 승천 대축일

상아궁에서 흐르는 비파 소리
당신을 즐겁게 하나이다.
오피르 황금으로 단장한 왕비
당신 오른쪽에 서 있나이다.

시편 45,9-10 참조

천상의 모든 무리가 기뻐하며 축제의 행렬을 지어, 하느님의 어머니를 맞이하러 나왔습니다.

찬란한 빛에 에워싸인 성모님이 찬양과 찬가가 울려 퍼지는 가운데 태초부터 그분을 위하여 마련된 옥좌에 오르셨습니다.

— 예로니모 성인

성모님, 성모 승천 때에 성모님은 장엄하게 천상의 영광으로 들어 높여지셨습니다. 언제나 그 영광만을 바라보며, 이 세상의 온갖 어려움을 이겨 내도록 도와주소서.

8월 16일

눈물로 씨 뿌리던 사람들 환호하며 거두리라.
뿌릴 씨 들고 울며 가던 사람들 곡식 단 안고
환호하며 돌아오리라.

시편 126,5-6

성모님은 지상에 사시는 동안 수많은 눈물로 씨를 뿌리셨으며, 이제 천국의 기쁨 속에서 많은 곡식을 거두고 계십니다.

우리도 그럴 것입니다. 지상에서 영적으로 많은 성공을 거둘수록, 천국에서 더 많은 복을 받을 것입니다.

— 베르나르도 성인

성모님, 날마다 저 자신과 세속과 마귀에 대하여 영적인 승리를 얻는 은총을 베풀어 주소서. 충실하신 성모님을 본받아 성모님의 영광도 나누어 받게 하소서.

8월 17일

여기에 올 때까지 이 백성을 용서하셨듯이,
이제 당신의 그 크신 자애에 따라
이 백성의 죄악을 용서하여 주십시오.

민수 14,19

우리가 하느님의 어머니께 기도를 드릴 때에, 우리의 기도는 예수님께 직접 간청할 때보다 더 빨리 응답을 받을 것입니다. 예수님은 우리의 주님이실 뿐만 아니라 우리의 심판자이시기에 그렇습니다.

성모님은 다른 일을 하시는 것이 아니라 바로 자비를 베푸실 뿐입니다.

— 안셀모 성인

성모님, 성모님과 하느님이신 당신 아드님을 본받아, 저를 괴롭히는 사람들에게도 친절을 베풀도록 도와주소서.

8월 18일

나 너를 무장시키니
해 뜨는 곳에서도 해 지는 곳에서도 나밖에 없음을,
내가 주님이고 다른 이가 없음을
알게 하려는 것이다.

이사 45,5-6

　복되신 동정 성모님, 아무것도 성모님의 힘을 물리치지 못합니다. 하느님 아버지는 성모님의 영광을 당신 자신의 영광으로 여기십니다.
　그리고 같은 하느님이신 성자는 당신 어머니의 찬양을 기뻐하시며, 어머니의 모든 청원을 당신이 갚으셔야 할 빚처럼 여기시고 다 들어주십니다.

― 니코메디아의 그레고리오 성인

성모님, 하느님께서 저희에게 자비를 베푸시어, 고통에 짓눌린 이 세상에 평화를 주시도록 간청해 주소서.

성 요한 외드 사제

당신께서는 당신 백성을
구원하시려고 나오셨습니다.
당신께서는 거대한 물결이 출렁이는 바다를
말을 타고 짓밟으셨습니다.

하바 3,13,15 참조

성모님의 성심은 온 세상에 빛을 비추고 따뜻한 온기를 펼치는 태양입니다.
성모님의 성심은 끊임없이 영혼들의 구원을 위하여 가능한 모든 일을 다하고 계십니다.

— 요한 외드 성인

티 없이 깨끗하신 성모 성심이시여, 제 구원이 되어 주소서. 평생토록 영원토록 오로지 성모님께 의탁하나이다.

성 베르나르도 아빠스 학자 기념일 8월 20일

모든 사람이 아버지를 공경하듯이
아들도 공경하게 하시려는 것이다.
아들을 공경하지 않는 자는
아들을 보내신 아버지도 공경하지 않는다.

요한 5,23

　우리가 성모님을 너무 찬양하여, 그 아드님의 영광이 가려진다고 생각하지 마십시오.
　성모님이 많은 공경을 받으실수록, 그 아드님의 영광도 더욱더 커집니다.

— 베르나르도 성인

성모님, 성모님을 공경할수록, 예수님도 더 많이 공경하게 됩니다. 예수님을 많이 공경할수록 하느님 아버지를 더 많이 흠숭하게 됩니다. 그러므로 날마다 온종일 성모님을 찬양하게 하소서.

8월 21일　　　　　　　　　　　　　　성 비오 10세 교황 기념일

아드님께서 죄를 깨끗이 없애신 다음,
하늘 높은 곳에 계신 존엄하신 분의
오른쪽에 앉으셨습니다.

히브 1,3 참조

　성모님은 모후로서 예수님 오른쪽에 앉아 계십니다.
　성모님은 위험에 놓인 모든 사람을 위하여 가장 안전한 피신처이시고 가장 강력한 협조자이시므로, 우리가 두려워할 까닭이 전혀 없습니다.

— 비오 10세 성인 교황

모든 은총의 중개자이신 성모님, 절망에 빠지는 일이 없도록, 성모님의 인도와 보호 아래, 어머니의 자애와 보살핌 아래 지켜 주소서.

복되신 동정 마리아 모후 기념일   8월 22일

네 아름다움 때문에
너의 명성이 민족들에게 퍼져 나갔다.
내가 너에게 베푼 영화로
네 아름다움이 완전하였던 것이다.

에제 16,14

  성모님은 영원하신 말씀의 어머니가 되겠다고 동의하셨습니다.
  바로 그 순간에, 성모님은 온 세상의 모후가 되시고 모든 피조물의 모후가 되실 공로를 세우셨습니다.

— 알폰소 마리아 데 리구오리 성인

온 세상의 모후이신 성모님, 당신 사랑으로 모든 사람의 마음을 다스리시어, 하느님이신 당신 아드님의 나라가 이 땅 위에서 이루어지게 하소서.

8월 23일

미천한 이들은 자비로 용서를 받지만
권력자들은 엄하게 재판을 받을 것이다.

지혜 6,6

성모님이 영원하신 말씀을 잉태하시고 그분을 낳으셨을 때에, 하느님 나라의 절반을 얻으셨습니다.
성모님은 자비의 모후가 되시고, 그분 아드님은 정의의 임금으로 다스리셨습니다.

— 토마스 아퀴나스 성인

자비의 모후이신 성모님, 성모님을 본받아, 다른 사람들에게 겸손하고 자비로운 사람이 되어, 용서와 자비를 받게 해 주소서.

8월 24일

이 말은 확실하여 그대로 받아들일
가치가 있습니다. 그리스도 예수님께서 죄인들을
구원하시려고 이 세상에 오셨다는 것입니다.
나는 그 가운데에서 첫째가는 죄인입니다.

1티모 1,15

  자비의 모후이신 성모님은 당신이 어여삐 여기시는 사람에게는, 당신이 원하시는 때에 원하시는 대로, 하느님 자비의 심연을 활짝 열어 주십니다.
  그러므로 성모님이 죄인들을 위하여 전구하실 때에, 그 어떤 죄인도 멸망하지 않을 것입니다.

— 베르나르도 성인

성모님, 성모님은 모든 죄인에게 그리스도의 구원 공로를 나누어 주십니다. 하느님의 자비를 저에게 내려 주시어, 과거의 죄를 뉘우치고 온갖 죄를 피하게 하소서.

8월 25일

내 말을 마음에 간직하고
내 계명을 지켜라.
그러면 네가 살리라.
지혜를 얻고 예지를 얻어라.

잠언 4,4-5

성모님은 찬미받으소서!
모든 사람이 자신의 마음을 성모님께 바쳐, 성모님이 그들의 마음을 성모 성심과 예수 성심으로 가득 채워 주시기를 빕니다.

— 요한 외드 성인

모든 마음의 모후이신 성모님, 제 마음을 어머니 성심과 같게 빚으시어, 제 마음이 진정한 그리스도인의 감각을 지니고 하느님이신 당신 아드님의 성심을 드러내게 해 주소서.

8월 26일

보소서, 종들이 제 주인의 손을 눈여겨보듯,
저희는 주 하느님을 우러러보며
당신 자비만을 바라나이다.

시편 123,2 참조

저는 하느님 아버지를 섬기는 경건한 종이 되고 싶습니다.
그러므로 저는 하느님의 어머니를 섬기는 충직한 종이 되기를 간절히 바랍니다.

― 일데폰소 성인

성모님, 하늘에 계신 하느님 아버지와 하느님이신 당신 아드님 예수님을 섬기는 진정한 종이 될 수 있도록, 저를 온전히 성모님께 봉헌하게 해 주소서.

8월 27일

아름다운 말이 마음에서 우러나와
임금님께 제 노래 읊어 드리나이다.
제 혀는 능숙한 서기의 붓이옵니다.

시편 45,2

영광스러우신 동정녀는 임금들의 임금이신 분의 존귀하신 어머니로 들어 높여지셨습니다.

그러므로 교회는 모후라는 빛나는 칭호를 드려 성모님을 공경하며, 우리에게도 그렇게 공경하도록 요구하고 있습니다.

— 알폰소 마리아 데 리구오리 성인

성모님, 성모님을 마땅히 찬미하며, 평생을 바쳐 성모님을 섬기는 영적인 은혜를 입게 하소서.

성 아우구스티노 주교 학자 기념일

하느님께서는 우리 각자에게서
멀리 떨어져 계시지 않습니다.
여러분의 시인 가운데 몇 사람이 말하였듯이,
우리는 그분 안에서 살고 움직이며 존재합니다.

사도 17,27-28 참조

 저는 성모님이 지금 그리스도와 함께 그리스도 안에 계신다고 분명하게 말합니다.
 "그리스도 안에서 우리가 살고 움직이며 존재하기" 때문에, 성모님은 그리스도 안에 계십니다. 성모님은 하늘의 영광으로 들어 높여지셨기 때문에, 그분은 그리스도와 함께 계십니다.

— 아우구스티노 성인

성모님, 성모님은 하느님이신 당신 아드님과 함께 영광을 누리고 계십니다. 지상에 사는 동안 성모님과 함께 결합되어 하느님 안에서 살고 움직이다가, 천국의 영광 속에서 예수님과 함께 지내게 해 주소서.

8월 29일   성 요한 세례자의 수난 기념일

어머니 배 속에서 나오는 날부터
만물의 어머니에게 돌아가는 날까지
모든 사람에게 몹시 힘든 일이 맡겨졌다.

집회 40,1

  성모님은 어머니이시며, 하느님의 티 없이 깨끗하신 어머니이시고, 온전히 하느님의 어머니이시므로, 모후이십니다.
  성모님은 그렇게 하늘과 땅의 모후이시며, 천사와 인간의 모후이십니다.

— 막시밀리아노 마리아 콜베 성인

성모님, 성모님은 모든 생명체의 어머니이시며 만물의 모후이십니다. 어머니의 보살핌으로 저를 지켜 주시고, 임금들의 임금님께 저를 위하여 전구해 주소서.

8월 30일

> 하느님께서는 큰 빛물체 두 개를 만드시어,
> 그 가운데에서 큰 빛물체는 낮을 다스리고
> 작은 빛물체는 밤을 다스리게 하셨다.
>
> 창세 1,16

해와 땅 사이에 떠 있는 달은 해에서 받는 모든 빛을 땅에 전합니다.

이와 같이, 성모님은 하느님과 인간 사이에 계시며 하느님의 은총을 우리에게 부어 주십니다.

— 보나벤투라 성인

성모님, 성모님은 그리스도의 초자연적 빛을 쏟아부으십니다. 저에게 은총을 베푸시어, 온갖 죄의 기회를 피하고 그리스도인의 소명에 충실하게 하소서.

8월 31일

어떠한 눈도 본 적이 없고
어떠한 귀도 들은 적이 없으며
사람의 마음에도 떠오른 적이 없는 것들을
하느님께서는 당신을 사랑하는 이들을 위하여
마련해 두셨다.

1코린 2,9

　눈으로 본 적도 없고, 귀로 들은 적도 없으며, 사람의 마음이 느껴 본 적이 없는 것들을 하느님은 당신을 사랑하는 이들을 위하여 마련해 두셨습니다.
　하물며 누가 감히 하느님이 당신 어머니를 위하여 마련해 두신 것을 이야기할 수 있겠습니까!

— 베르나르도 성인

성모님, 성모님은 지금 하느님께서 어머니를 위하여 마련하신 헤아릴 수 없는 복락을 누리고 계십니다. 하느님의 뜻을 충실히 이행할 때에 저를 기다리는 그 기쁨을 자주 묵상하게 하소서.

순교자 성월

9월

9월 1일

내가 재빠르게 나의 정의를 가까이 가져오리니
나의 구원이 나아가고 섬들이 나를 고대하며
나의 팔에 희망을 걸리라.

이사 51,5 참조

   예수님이 우리를 구원하셨으므로, 그분은 우리 주님이시고 우리 임금이십니다.
   마찬가지로, 복되신 동정녀는 세상의 구원을 위하여 당신 아드님을 하느님 아버지께 바쳐, 유일무이한 방법으로 구원에 협력하셨으므로, 우리의 성모님이시고 우리의 모후이십니다.

— 비오 12세 교황

지극히 고귀하신 모후이신 성모님, 성모님은 저희 모두의 주님이시며 구원자이신 그리스도를 낳으셨으니, 저희를 위하여 평화와 구원을 간구해 주소서.

9월 2일

살아 계신 아버지께서 나를 보내셨고
내가 아버지로 말미암아 사는 것과 같이,
나를 먹는 사람도 나로 말미암아 살 것이다.

요한 6,57

   인간에게 베풀어지는 모든 은총은 세 단계의 순서를 거칩니다.
   은총은 하느님에게서 그리스도께 전달되고, 그리스도에게서 복되신 동정녀께 전해지며, 복되신 동정녀에게서 우리에게 옵니다.

— 시에나의 베르나르디노 성인

성모님, 성모님은 저희를 위한 거룩한 은총의 통로이십니다. 저에게 베푸실 모든 은총을 온전히 받아, 그 은총에 충실히 협력하게 하소서.

9월 3일   성 대 그레고리오 교황 학자 기념일

에프라임은 나에게 귀한 자식이요
귀여운 자식이 아니던가! 그가 생각난다.
그러니 내 마음이 그를 가엾이 여기고
그를 몹시도 가여워하지 않을 수 없다.

예레 31,20 참조

   성모님은 영광과 성덕에서 그리고 자애와 감미로움에서 다른 모든 어머니를 훨씬 뛰어넘으십니다.

   통회하는 겸손한 마음으로 성모님 앞에 나아가십시오. 그러면 다른 모든 어머니보다 훨씬 더 신속하고 온유하게 우리를 사랑하시는 성모님을 만날 것입니다.

— 대 그레고리오 성인 교황

사람이 되신 말씀의 어머니, 슬픔에 찬 이 죄인, 어머니 앞에 나와 서 있으니, 제 간청을 물리치지 마시고, 어머니의 자비로 들으시어, 응답해 주소서.

9월 4일

하늘나라는 밭에 숨겨진 보물과 같다.
그 보물을 발견한 사람은
그것을 다시 숨겨 두고서는 기뻐하며 돌아가서
가진 것을 다 팔아 그 밭을 산다.

마태 13,44

모든 인간이 시간이 끝날 때까지 하느님에게서 받아 왔고 또 받게 될 모든 선, 모든 도움, 그리고 모든 은총은 성모님의 전구로 그분의 손을 통하여 받았고 또 받게 될 것입니다.

우리가 성모님을 찾을 때, 모든 것을 찾게 됩니다.

— 라이문두스 요르다누스 복자

성모님, 성모님은 "밭에 숨겨진 보물"이십니다. 제가 모든 것을 기꺼이 다 버리고, 언제나 성모님과 하느님이신 당신 아드님을 따르게 하소서.

9월 5일

그리스도께서 어떤 이들은 사도로 세우시어,
그리스도의 몸을 성장시키는 일을 하도록
하셨습니다. 그리하여 우리가 모두
하느님의 아드님에 대한 믿음과 지식에서
일치를 이루고 성숙한 사람이 됩니다.

에페 4,11-13 참조

   성모님은 말씀을 읽고 듣고 실천하며 알게 된 모든 것을 곰곰이 되새기셨습니다.
   성모님은 믿음 안에서 자라며 공로를 쌓아, 사랑의 불꽃으로 타오르게 되셨습니다.

— 라우렌시오 유스티니아노 성인

성모님, 성모님은 묵상을 통하여 영적인 성장을 하셨습니다. 저도 날마다 잠깐씩이라도 묵상을 하여 충만히 성장하신 그리스도의 모습으로 자라도록 도와주소서.

9월 6일

주님께서는 약속을 미루지 않으십니다.
오히려 여러분을 위하여 참고
기다리시는 것입니다. 아무도 멸망하지 않고
모두 회개하기를 바라시기 때문입니다.

2베드 3,9

   성모님은 자비를 거절하실 줄 모르십니다. 그분은 외로운 사람을 위로하지 않고 보내는 법을 배우지 못하셨습니다.
   그러기에 성모님은 당신 아드님께 저를 용서해 주시라고 말씀하실 것입니다.

— 보나벤투라 성인

자비의 어머니이신 성모님, 저도 다른 사람들에게 자비를 베풀어, 성모님의 자비와 하느님이신 당신 아드님의 자비를 입도록 도와주소서.

9월 7일

주님께서 젖과 꿀이 흐르는 땅으로
너희를 데려가시거든,
이달에 이러한 예식을 올려야 한다.

탈출 13,5 참조

   성모님은 어떠한 씨앗도 뿌려지지 않은 땅이지만, 온갖 생명체를 다 먹여 살리는 열매를 맺으십니다.
   성모님은 주님의 모든 복이 머무는 땅입니다.

— 테오도루스 스투디타 성인

성모님, 성모님은 "젖과 꿀이 흐르는 땅"이십니다. 그토록 거룩한 땅에서 흘러나오는 온갖 복으로 저를 가득 채우시어, 구원에 합당한 열매를 맺게 하소서.

복되신 동정 마리아 탄생 축일　　　　　　　　　　9월 8일

이사이의 그루터기에서 햇순이 돋아나고
그 뿌리에서 새싹이 움트리라.
그 위에 주님의 영이 머무르리라.

이사 11,1—2

　하느님 어머니의 탄생은 말씀이신 하느님과 인간 육신의 결합을 알리는 서막입니다.
　오늘 동정녀가 탄생하시어, 온 누리의 영원한 임금을 낳으실 하느님의 어머니로서 맡아야 할 임무가 형성되고 준비되고 마련되었습니다.

— 크레타의 안드레아 성인

성모님, 성모님이 낳으신 예수님의 탄생은 저희 구원의 새벽이었습니다. 성모님의 탄생을 기리는 이 날이 세상에 항구한 평화를 가져다주고, 저의 구원에도 도움이 되게 하소서.

9월 9일

당신께 알려 드릴 터이니 조금만 기다리십시오.
하느님을 대신하여 드릴 말씀이 아직 있습니다.

욥 36,2

    성모님은 하느님의 메아리입니다. 우리가 "성모님!" 하고 부르면, 그분은 "하느님!" 하고 응답하실 것입니다.
    이러한 까닭에, 성모님과 이루는 결합에는 언제나 하느님과 이루는 결합이 따릅니다.

— 루도비코 마리아 그리뇽 드 몽포르 성인

하느님의 메아리이신 성모님, 성모님을 본받아, 말과 행동으로 다른 사람들에게 예수님의 가르침을 그대로 전하게 하소서.

9월 10일

주님, 당신은 저를 살펴보시고 잘 아시나이다.
앉으나 서나 당신은 저를 아시고
멀리서도 제 생각 알아차리시나이다.

시편 139,1-2

 성모님이 우리의 어머니라는 사실을 되새겨 보면, 얼마나 큰 기쁨이 됩니까!

 우리가 두려워해야 할 이유가 있습니까? 우리 어머니는 우리를 사랑하시고 우리의 나약함을 알고 계십니다.

— 아기 예수의 데레사 성녀

성모님, 성모님은 저희를 사랑하시고 보살펴 주십니다. 성모님이 참으로 제 어머니이심을 잊지 않고, 언제나 하느님이신 당신 아드님께 기꺼이 나아가게 해 주소서.

9월 11일

너희에게 새 마음을 주고
너희 안에 새 영을 넣어 주겠다.
너희 몸에서 돌로 된 마음을 치우고,
살로 된 마음을 넣어 주겠다.
나는 또 너희 안에 내 영을 넣어 주겠다.

에제 36,26-27

   누구에게서나 성모 신심이 시작될 때에, 성모님의 탄생이 세상에 가져온 것과 똑같은 효과를 냅니다.
   성모 신심은 죄악의 밤을 물리치고, 사람을 덕행의 밝은 길로 인도합니다.

— 알폰소 마리아 데 리구오리 성인

성모님, 성모 신심을 더 깊이 지니고, 기도와 묵상과 선행을 통하여 더욱더 성모님을 공경하도록 도와주소서.

지극히 거룩하신 마리아 성명

주님께서는 은혜로운 복으로 그를 맞이하시고
그 머리에 순금 왕관을 씌우셨나이다.
그를 영원한 복이 되게 하셨나이다.

시편 21,4.7 참조

   지극히 거룩하신 예수 성명 다음으로 성모 마리아의 이름은 매우 많은 복을 가져다줍니다.
   하늘이나 땅 위에서 이토록 많은 은총과 희망을, 감미로운 신심을 가져다주는 다른 이름은 결코 없습니다.

— 알폰소 마리아 데 리구오리 성인

성모님, 성모님의 거룩한 이름은 하느님의 많은 복을 가져다주십니다. 사랑과 신뢰로 어머니의 거룩한 이름을 자주 부르며, 그 이름이 베푸는 많은 복을 받아 누리게 하소서.

9월 13일 — 성 요한 크리소스토모 주교 학자 기념일

아드님과 관련해서는 이런 말씀이 있습니다.
"오, 하느님! 당신의 왕좌는 영원무궁하며
당신의 왕홀은 공정의 홀입니다."

히브 1,8

성모님, 하례를 드리나이다.
성모님은 하느님의 어좌이실 뿐만 아니라 우리 교회의 영예요, 영광이며, 힘이십니다.

— 요한 크리소스토모 성인

성모님, 성모님은 하느님이신 당신 아드님의 어좌이십니다. 제 마음에 예수님을 모시고 말과 행동으로 예수님께 끊임없는 경배를 드리게 해 주소서.

성 십자가 현양 축일　　　　　　　　　　　　　　9월 14일

나는 우리 주 예수 그리스도의 십자가 외에는
어떠한 것도 자랑하고 싶지 않습니다.
그리스도의 십자가로 말미암아,
내 쪽에서 보면 세상이 십자가에 못 박혔고
세상 쪽에서 보면 내가 십자가에 못 박혔습니다.

갈라 6,14

　십자가는 사랑의 학교입니다. 사랑은 희생으로 자라고 희생으로 살아간다는 것을 명심합시다.
　언제나 티 없이 깨끗하신 성모님께 의지하여, 우리 마음의 평화를 보존합시다.

— 막시밀리아노 마리아 콜베 성인

성모님, 성모님은 당신의 십자가를 지고 예수님을 따르셨습니다. 날마다 제 삶에서 만나는 온갖 십자가를 지도록 도와주시고, 그 십자가 때문에 하느님이신 당신 아드님을 떠나는 일이 없게 해 주소서.

9월 15일   고통의 성모 마리아 기념일

시메온은 마리아에게 말하였다.
"보십시오, 이 아기는 이스라엘에서
많은 사람을 쓰러지게도 하고 일어나게도 하며,
또 반대를 받는 표징이 되도록 정해졌습니다.
그리하여 당신의 영혼이 칼에 꿰찔릴 것입니다."
루카 2,34-35 참조

    지극히 거룩하신 성모님은 해골 터에서 극심한 고통을 받으셨습니다.
    십자가의 발 아래 서 계신 성모님은 당신 아드님의 죽음과 구원에 가장 특별하게 동참하셨습니다.

— 요한 바오로 2세 성인 교황

복되신 동정녀들의 동정녀이시여! 제 간절한 청을 들으시어, 어머니의 거룩한 슬픔을 나누어 주소서. 마지막 숨을 내쉴 때까지, 하느님이신 당신 아드님의 죽음을 제 몸에 모시게 하소서.

9월 16일

내가 아들들을 기르고 키웠더니
그들은 도리어 나를 거역하였다.
소도 제 임자를 알고 나귀도
제 주인이 놓아 준 구유를 알건만
나의 백성은 깨닫지 못하는구나.

이사 1,2-3 참조

공동체의 일에 참여하고자 하는 여인들은 성모님을 바라보아야 합니다.

성모님은 하느님과 대화를 나누시고, 말씀의 강생이라는 세상의 중요한 사건에 책임을 지고 적극적으로 동의하십니다.

— 바오로 6세 성인 교황

성모님, 성모님의 결단은 세상의 구원에 중대한 영향을 미쳤습니다. 세상과 교회, 공동체와 저의 구원을 위한 결정에 적극적으로 참여하는 법을 가르쳐 주소서.

9월 17일 — 성 로베르토 벨라르미노 주교 학자

몸은 하나이지만 많은 지체를 가지고 있고
몸의 지체는 많지만 모두 한 몸인 것처럼,
그리스도께서도 그러하십니다.
우리는 모두 한 성령 안에서 세례를 받아
한 몸이 되었습니다.

1코린 12,12-13 참조

   천상의 모든 은총과 호의와 영감은 머리이신 그리스도에게서 나옵니다.
   그다음에 모든 은총은 마리아를 통하여 온몸에 내려옵니다. 마치 인간의 몸과 같이, 머리는 바로 목을 통하여 모든 지체에 생명을 줍니다.

— 로베르토 벨라르미노 성인

신비체의 어머니이신 성모님, 제가 그 신비체의 참된 지체로 행동하며, 언제나 다른 모든 지체를 기꺼이 돕고 사랑하게 해 주소서.

9월 18일

여러분은 지금 주님 안에 있는 빛입니다.
빛의 자녀답게 살아가십시오.
빛의 열매는 모든 선과 의로움과 진실입니다.

에페 5,8-9 참조

우리 주 예수 그리스도를 믿는 사람들은, 교회를 믿는 사람들은 성모님을 바라보십시오!

그리스도인 삶의 모든 것은 가장 감미로운 이 이름, 우리 어머니 마리아를 통하여 빛을 받습니다.

― 요한 23세 성인 교황

성모님, 성모님은 저희의 모든 삶에 빛을 비추어 주십니다. 제 생각을 비추시고 제 마음을 여시어, 하느님이신 당신 아드님을 기쁘게 해 드리는 일을 배우고 실천하게 하소서.

9월 19일

입을 열면 지혜이고
자상한 가르침이 그 입술에 배어 있다.
아들들이 일어나 그를 기린다.

잠언 31,26.28 참조

성모님을 공경하는 우리가 그분을 어머니라고 부를 때에, 건성으로 빈말을 하는 것이 아닙니다.
성모님은 혈육이 아니라 당연히 영적으로 우리 어머니이십니다. 성모님은 우리 영혼의 어머니이시고, 우리 구원의 어머니이십니다.

— 알폰소 마리아 데 리구오리 성인

성모님, 저희의 어머니가 되어 주심에 감사드립니다. 제가 마땅히 성모님을 사랑하고 하느님이신 당신 아드님을 사랑하는 은총을 베풀어 주소서.

성 김대건 안드레아 사제와 성 정하상 바오로와 동료 순교자들 대축일　　9월 20일

저는 탄식으로 기진하고
밤마다 울음으로 잠자리를 적시며
눈물로 이부자리를 물들이나이다.
시름으로 제 눈은 멀어가나이다.

시편 6,7-8

　복되신 동정 마리아는 하느님이신 당신 아드님의 가르침과 표양에서 조금도 벗어나지 않으셨습니다.
　어머니가 체험하신 황홀한 기쁨 속에서도, 어머니가 겪으신 온갖 시련과 참혹한 고통 속에서도 그러하셨습니다. 그렇게 어머니는 순교자들의 모후가 되셨습니다.

— 비오 12세 교황

성모님, 성모님은 가슴이 찢어지는 고통과 비탄 속에서도 하느님과 일치하셨습니다. 어머니의 모범을 따르며, 어떠한 고통과 어려움을 겪더라도 하느님이신 당신 아드님 예수님과 일치하도록 도와주소서.

9월 21일

하느님께서 당신 아드님의 영을
우리 마음 안에 보내 주셨습니다.
그 영께서 "아빠! 아버지!" 하고 외치고 계십니다.
그러므로 그대는 더 이상 종이 아니라 자녀입니다.

갈라 4,6-7

   성모님은 하느님 말씀을 잉태하셨습니다.
   성모님은 그렇게 당신 태중에 하느님을 모신 하늘이 되셨습니다. 그 목적은 죽을 인간을 하느님의 자녀라는 위대한 품위로 들어 높이시려는 것입니다.

— 에프렘 성인

성모님, 제가 하느님의 자녀임을 그 무엇보다도 소중히 여기고 언제나 하느님의 참된 자녀로서 살아가도록 이끌어 주소서.

9월 22일

임금이 그에게 말하였다.
"에스테르 왕비, 무슨 일이오?
그대의 소원이 무엇이오?
왕국의 반이라도 그대에게 주겠소."

에스 5,3

하늘의 별들이 모두 혀이고 바닷가 모래알이 다 말이라고 칩시다.

별들과 모래알을 다 합쳐도, 하느님이 성모님의 영혼에 부여하신 모든 영광을 이야기하기에는 턱없이 부족합니다.

— 빌라노바의 토마스 성인

성모님, 성모님은 하느님에게서 형언할 수 없이 많은 복을 받으셨습니다. 제가 다른 사람들에게 어머니의 영광을 이야기하고, 하느님이신 당신 아드님께 전구하시는 어머니의 권능을 증언하도록 도와주소서.

9월 23일

사실 주님께서 우리에게 이렇게 명령하셨습니다.
"땅끝까지 구원을 가져다주도록
내가 너를 다른 민족들의 빛으로 세웠다."

사도 13,47

    우리는 우리 자신이 이 땅 위에서 폭풍이 몰아치는 바다와 메마른 사막과 눈물의 골짜기를 지나고 있다고 여깁니다.

    그러나 성모님은 바다의 별이 되시고, 광야에서 우리의 위로가 되시며, 우리를 천국으로 인도하시는 빛이 되어 주십니다.

— 요한 보스코 성인

성모님, 성모님은 저희를 천국으로 이끌어 주십니다. 제가 성덕을 갈망하며 올바른 길을 걸어, 이 나그넷길을 마치고 성모님과 예수님과 함께 살게 해 주소서.

9월 24일

사랑은 참고 기다립니다.
사랑은 모든 것을 덮어 주고 모든 것을 믿으며
모든 것을 바라고 모든 것을 견디어 냅니다.

1코린 13,4.7 참조

    성모님을 마음의 순교자라 한다고 놀라지 마십시오.
    바오로 사도에 따르면, 이교도들의 가장 큰 죄는 사랑이 없다는 것이었습니다. 이는 성모 성심과 전혀 다른 것입니다. 성모님의 종들도 그들과 완전히 달라야 합니다.

— 베르나르도 성인

성모님, 성모님은 올바른 사랑의 어머니이십니다. 제 마음을 하느님 사랑으로 가득 채우시어, 충만한 사랑으로 살며 예수님께 제 삶을 사랑의 선물로 바치게 해 주소서.

9월 25일

여러분은 성령께서 주시는 기쁨으로 말씀을 받아들여,
우리와 주님을 본받는 사람이 되었습니다.
그리하여 여러분은
모든 신자에게 본보기가 되었습니다.

1테살 1,6-7 참조

그리스도는 하느님 아버지께 나아가는 유일한 길이시며 우리가 본받아야 할 궁극의 모범이십니다.

복되신 동정녀를 공경하는 신심은 구세주 하느님께 드리는 예배 아래에 있지만, 그 예배와 연결되어 있습니다. 성모 신심은 또한 커다란 사목적 효력을 지니고 있어, 그리스도인의 삶을 새롭게 합니다.

— 바오로 6세 성인 교황

성모님, 진정한 성모 신심을 주소서. 이 세상에서 하느님이신 당신 아드님을 본받도록 그 신심으로 도와주소서.

9월 26일

너희는 가서 모든 민족들을 제자로 삼아,
내가 너희에게 명령한 모든 것을
가르쳐 지키게 하여라.
보라, 내가 세상 끝 날까지
언제나 너희와 함께 있겠다.

마태 28,19-20 참조

  성모님께 속한 사람들은 다른 모든 이의 마음을 얻어 성모님께 드릴 수 있어야 합니다.
  성모님이 그들의 마음을 비추시어 성모 성심의 사랑을 불러일으키시고, 하느님이신 예수 성심 안에서 타오르는 사랑의 불로 그들을 불타오르게 하실 것입니다.

— 막시밀리아노 마리아 콜베 성인

선교의 모후이신 성모님, 제 기도와 선행으로 성모님을 위한 제자들을 모으도록 도와주시고, 그 제자들을 예수님께 인도해 주소서.

9월 27일

영원한 문들아, 일어서라.
영광의 임금님 들어가신다.
영광의 임금님 누구이신가?
힘세고 용맹하신 주님이시다.

시편 24,7-8 참조

성모님의 육신이 예수님의 육신과 다르지 않다면, 어떻게 우리가 아드님에게서 보는 왕다운 존엄을 그 어머니에게서 부인할 수 있겠습니까?

아드님의 영광은 그분의 어머니와 나누어 가지시는 것이 아닙니다. 아드님의 영광은 곧 어머니의 영광입니다!

— 수아송의 아르놀 성인

영광의 모후이신 성모님, 성모님의 헌신적인 종이 되어 임금이신 예수님을 섬기도록 이끌어 주소서.

9월 28일

내가 진실로 진실로 너희에게 말한다.
내가 보내는 이를 맞아들이는 사람은
나를 맞아들이는 것이고, 나를 맞아들이는 사람은
나를 보내신 분을 맞아들이는 것이다.

요한 13,20

  성모님을 통하여 예수님께 가는 것은 참으로 예수 그리스도를 공경하는 것입니다.
  이는 우리 자신이 예수님의 무한하신 성덕에 직접 다가갈 수 없다고 여긴다는 것이며, 구원의 중개자이신 예수 그리스도께 전구해 주시는 성모님이 우리의 중개자가 되어 주셔야 한다는 것입니다.

— 루도비코 마리아 그리뇽 드 몽포르 성인

성모님, 성모님은 하느님 아버지와 예수님께 저희를 위하여 전구하시는 중개자이십니다. 어머니는 지상 생활의 아픔과 두려움과 슬픔을 저희와 함께 나누셨으니, 이제 저희를 위하여 빌어 주소서.

9월 29일   성 미카엘, 가브리엘, 라파엘 대천사 축일

연로하신 분께서 자리에 앉으셨다.
그분을 시중드는 이가 백만이요
그분을 모시고 선 이가 억만이었다.

다니 7,9-10 참조

    지극히 영예로우신 이 동정녀는 모든 덕행의 심연이십니다.
    성모님은 사랍(세라핌) 천사들보다 앞서시고, 커룹(케루빔) 천사들 위에 계십니다.

— 다마스쿠스의 요한 성인

천사들의 모후이신 성모님, 천사들에 대한 신심을 주시어, 천사들의 모든 영감에 따라 하느님이신 당신 아드님께 나아가는 은총을 주소서.

성 예로니모 사제 학자 기념일　　　　　　　　　　　　9월 30일

세상 이 끝에서 저 끝까지,
저토록 얼굴이 아름답고 슬기롭게 말하는 여자는
다시없을 것이다.

유딧 11,21

　복되신 동정 마리아를 잘 바라보십시오.
　모든 덕행과 온갖 아름다움이, 모든 영광의 광채가 그분 안에서 빛나고 있습니다.

— 예로니모 성인

성모님, 성모님은 모든 아름다움의 샘이시며 덕행의 모범이십니다. 다른 모든 덕행 위에 빛나는 어머니의 겸손을 본받도록 도와주소서.

묵주 기도 성월

10월

10월 1일   아기 예수의 성녀 데레사 동정 학자 기념일

당신께 도움 청할 때
당신 지성소로 두 손 들어 올릴 때
간청하는 제 소리 들어 주소서.

시편 28,2

  복되신 동정녀는 제가 부르짖을 때에 반드시 저를 보호해 주실 것입니다.

  제가 어려움을 겪을 때에 저는 얼른 성모님께 달려갑니다. 모든 어머니 가운데 가장 온유하신 성모님이 저를 보살펴 주십니다.

— 아기 예수의 데레사 성녀

당신 백성의 보호자이신 성모님, 괴로울 때에는 언제나 성모님이 도우러 오시리라는 확신을 가지고 당신께 달려가게 하소서.

수호천사 기념일　　　　　　　　　　　　　　　　　10월 2일

나는 또 어좌를 에워싼 많은 천사들을 보고
그들의 목소리도 들었습니다.
그들의 수는 수백만 수억만이었습니다.
그들이 큰 소리로 노래하였습니다.

묵시 5,11-12 참조

　아홉 무리(구품九品)의 천사들이 성모님께 날마다 수만 번 하례 인사를 드립니다. "마리아님, 기뻐하소서!"
　그들은 그렇게 인사를 드리면서, 성모님의 명령을 받는 영예를 주시라고 간청합니다.

— 루도비코 마리아 그리뇽 드 몽포르 성인

천사들의 모후이신 성모님, 날마다 "마리아님, 기뻐하소서!" 하고 인사 드리며, 수호천사를 통하여 받은 성모님의 명령을 완수하도록 도와주소서.

10월 3일

지혜를 소중히 여겨라. 그것이 너를 높여 주리라.
지혜를 품으면 그것이 너를 영광스럽게 하리라.
화려한 관을 너에게 가져다주리라.

잠언 4,8-9 참조

    경험으로 보아, 하느님의 어머니에 대한 사랑을 영혼들 안에 깊숙이 심으려면, 묵주 기도보다 더 효과적인 것은 없습니다.
    저는 모든 신자에게 이 묵주 기도를 바치라고 권고합니다.

— 레오 13세 교황

성모님, 묵주 기도를 충실히 바치며, 성모님과 예수님을 향한 사랑을 키우도록 이끌어 주소서.

아시시의 성 프란치스코 기념일 10월 4일

주님, 당신 이름에 감사를 드립니다.
당신께서는 저의 보호자요 협조자가 되시어
이 몸을 멸망에서 구해 주셨습니다.

집회 51,1-2 참조

  우리가 성모님의 이름을 부를 때에, 땅이 기뻐하고 하늘이 더 아름다워집니다.
  마귀들이 무서워 떨며, 바람에 날리는 먼지처럼 사라져 버립니다.

— 아시시의 프란치스코 성인

성모님, 어머니의 거룩한 이름은 무궁무진한 보화입니다. 괴로울 때나 즐거울 때나, 제 마음과 제 입술로 언제나 성모님의 이름을 부르게 하소서.

10월 5일

내가 하는 말을 잘 생각해 보십시오.
주님께서 모든 것을 깨닫는 능력을
그대에게 주실 것입니다.

2티모 2,7

 거룩한 묵주 기도를 잘 이해하고 바치는 사람들은 행복합니다.
 그들은 그 기도 안에 있는 믿음과 빛과 희망과 사랑에 관한 모든 것을 배울 것입니다.

— 클레멘스 마리아 호프바우어 성인

성모님, 성모님의 묵주 기도는 신앙의 학교입니다. 묵주 기도를 잘 이해하고 바쳐, 믿음과 빛과 희망과 사랑 안에서 성장하도록 도와주소서.

성 브루노 사제　　　　　　　　　　　　　　　10월 6일

엘리사벳은 성령으로 가득 차 큰 소리로 외쳤다.
"당신은 여인들 가운데에서 가장 복되시며
당신 태중의 아기도 복되십니다."

루카 1,41-42

　성모님의 아드님이신 예수님은 사람들 가운데 그분과 같은 사람이 없으시며, 성모님 또한 여인들 가운데 그분과 같은 여인이 없으십니다.
　예수님은 살아 있는 사람들 가운데 가장 아름다우십니다. 성모님은 아침에 떠오르는 찬란한 빛이십니다.

— 브루노 성인

성모님, 성모님은 모든 여인 가운데 가장 복되십니다. 모든 여인이 성모님을 모성의 전형으로 삼고, 하느님이신 당신 아드님에게서 더 많은 복을 받게 하소서.

10월 7일 — 묵주 기도의 복되신 동정 마리아 기념일

우리는 하느님께 감사드립니다.
그분께서는 늘 그리스도의 개선 행진에
우리를 데리고 다니시면서,
그리스도를 아는 지식의 향내가 우리를 통하여
곳곳에 퍼지게 하십니다.

2코린 2,14

　묵주 기도는 성모님이 베푸시는 은총의 상징으로 드러납니다.
　그리스도인들은 성모님을 "지극히 거룩하신 묵주 기도의 모후"라고 부릅니다. 이 묵주 기도는 종교적 무지와 죄악에 대한 눈부신 신앙의 승리를 일깨워 줍니다.

— 비오 12세 교황

묵주 기도의 모후이신 성모님, 성모님이 예수님의 도우심으로 묵주 기도를 통하여 성취하시는 영적인 승리에 제가 동참할 수 있게 해 주소서.

10월 8일

하느님께서는 미리 뽑으신 이들을
당신의 아드님과 같은 모상이 되도록
미리 정하셨습니다.
그리하여 그 아드님께서 많은 형제 가운데
맏이가 되게 하셨습니다.

로마 8,29

 특별히 묵주 기도는 미리 마련된 하나의 표징입니다.
 우리가 충실하게 바치는 묵주 기도는 확고한 구원의 표징입니다.

— 알랭 드 라 로쉬 복자

성모님, 묵주 기도를 바치는 모든 사람이 은총 안에서 완전하게 살다가 평화로이 죽어 영원한 생명으로 부활하도록 이끌어 주소서.

10월 9일

당신 규정의 길을 깨우쳐 주소서.
당신의 기적을 묵상하오리다.

시편 119,27

묵주 기도는 고요한 박자로 천천히 보조를 맞추어 바쳐야 합니다. 그러면 저마다 성모님의 눈으로 보는 주님 생애의 신비를 묵상하는 데 도움이 됩니다.

그렇게 하여, 이 신비들의 헤아릴 수 없는 풍요로움이 펼쳐집니다.

— 바오로 6세 성인 교황

성모님, 묵주 기도를 바칠 때에 성모님과 함께 그리스도의 신비를 묵상합니다. 그 신비에 담긴 것을 본받고, 그 신비가 약속하는 것을 얻도록 도와주소서.

10월 10일

내가 지금 육신 안에서 사는 것은,
나를 사랑하시고 나를 위하여 당신 자신을 바치신
하느님의 아드님에 대한 믿음으로 사는 것입니다.

갈라 2,20

묵주 기도를 통하여 더욱더 열렬해지는 것을 어찌 좋아하지 않을 수 있겠습니까? 우리는 우리 구세주의 고난과 죽음을 묵상하고 또 고통받으시는 성모님의 슬픔을 묵상합니다.

다시 받은 사랑에 우리는 무엇을 돌려 드리겠습니까?

— 비오 11세 교황

성모님, 성모님이 저에게 베푸신 모든 은혜에 대하여, 하느님이신 당신 아드님과 성모님께 무엇을 돌려 드릴 수 있겠습니까? 제 모든 존재와 제가 가진 모든 것을 날마다 바치는 묵주 기도로 싸서 성모님께 봉헌하겠나이다.

10월 11일   성 요한 23세 교황

당신 구원을 기다리다 제 영혼 지치나이다.
당신 말씀에 희망을 두나이다.
당신 말씀을 기다리다 제 눈이 짓물렀나이다.

시편 119,81-82

  제대로 묵상하며 바치는 묵주 기도는 세 가지 요소로 이루어집니다.
  성모송을 열 번 바치는 한 단에는 각기 하나의 그림이 있습니다. 또 그 그림 하나하나에는 동시에 이루어지는 세 가지 역점이 있습니다. 곧, 신비의 관상과 내밀한 묵상 그리고 경건한 지향이 있어야 합니다.

— 요한 23세 성인 교황

성모님, 묵주 기도의 신비 하나하나를 관상으로 이해하고, 그 신비를 묵상하여 삶에 적용하며, 개인의 선이나 공동선을 위한 지향으로 묵주 기도를 바치게 하소서.

10월 12일

보이는 것을 희망하는 것은 희망이 아닙니다.
우리는 보이지 않는 것을 희망하기에
인내심을 가지고 기다립니다.

로마 8,24-25 참조

묵주 기도는 영원히 지속될 천상 것들에 대한 희망을 불러일으킵니다.
예수님과 성모님의 영광을 묵상할 때에, 우리는 하늘이 열리는 것을 보며 영원한 본향으로 가려는 우리의 노력에 힘을 북돋우게 됩니다.

— 비오 11세 교황

성모님, 묵주 기도를 바칠 때, 제 마음에 희망의 덕을 북돋아 주시고, 하느님 약속의 성취를 인내로이 기다리도록 도와주소서.

10월 13일

기도에 전념하십시오.
감사하는 마음으로 기도하면서 깨어 있으십시오.
우리를 위해서도 기도해 주십시오.

콜로 4,2-3 참조

저는 잠자리에 들거나 일어나면서, 외출을 하거나 돌아오면서, 바깥이나 집 안에 있을 때에, 언제나 "마리아님, 기뻐하소서Ave Maria."라고 말합니다. 그 말을 할 때에 큰 힘이 솟아납니다.

완전한 사람이 되려면, 매일 묵주 기도를 바치십시오.

— 루도비코 마리아 그리뇽 드 몽포르 성인

성모님, 루도비코 마리아 그리뇽 드 몽포르 성인의 조언을 따라, 매일 묵주 기도를 바치게 해 주소서. 기도를 바칠 틈이 전혀 없을 때에는, 적어도 "마리아님, 기뻐하소서."라는 말로 어머니께 인사를 드리게 해 주소서.

10월 14일

성령에게 뿌리는 사람은
성령에게서 영원한 생명을 거둘 것입니다.
낙심하지 말고 계속 좋은 일을 합시다.

갈라 6,8-9

묵주 기도는 성모 성심을 움직이는 가장 강력한 기도입니다.
그 무엇보다도 영원한 생명을 얻기 위한 가장 뛰어나고도 효과적인 기도입니다.

— 레오 13세 교황

성모님, 묵주 기도를 충실히 바치도록 도와주소서. 묵주 기도로 지상에서 성모님과 친밀하게 살다가 천국에서 어머니와 함께 영원히 살게 해 주소서.

10월 15일

축제 때에 예배를 드리러 올라온 이들 가운데
그리스 사람도 몇 명 있었다.
그들은 필립보에게 다가가,
"선생님, 예수님을 뵙고 싶습니다." 하고 청하였다.
요한 12,20-21

묵주 기도는 복된 성모님을 통하여 우리를 예수님께 인도하는 신심입니다.
성모송을 오래도록 되풀이하며 성모님께 간청하는 이 기도의 목적은 바로 예수님입니다.

— 바오로 6세 성인 교황

성모님, 묵주 기도는 저희가 예수님께 가는 차표입니다. 저희는 어머니께 간청하며 예수님께 나아갑니다. 제가 묵주 기도를 열심히 경건하게 바치도록 도와주소서.

그날, 너희는 내가 아버지 안에 있고
또 너희가 내 안에 있으며
내가 너희 안에 있음을 깨닫게 될 것이다.

요한 14,20

   저의 희망이시며 자애로우신 성모님, 사랑하시는 예수 성심과 함께 계시는 어머니의 권능을 체험하게 해 주소서.
   어머니의 공로로 천국에서 영원히 머물게 해 주소서.

— 마르가리타 마리아 알라코크 성녀

희망의 어머니이신 성모님, 저는 오로지 어머니만을 신뢰합니다. 하느님이신 당신 아드님의 성심 안에서 영원히 안전하게 지켜 주소서.

10월 17일 안티오키아의 성 이냐시오 주교 순교자 기념일

하느님께서 각 사람에게 공동선을 위하여
성령을 드러내 보여 주십니다. 이 모든 것을
한 분이신 같은 성령께서 일으키십니다.
그분께서는 당신이 원하시는 대로 각자에게
그것들을 따로따로 나누어 주십니다.

1코린 12,7.11

   성령은 성모님을 통하여 당신의 은사와 능력과 은총을 나누어 주십니다.
   성령은 당신이 원하시는 사람에게, 원하시는 만큼, 원하시는 대로 은총을 나누어 주십니다.

— 안티오키아의 이냐시오 성인

성모님, 성령께서는 바로 성모님을 통하여 은총을 베푸십니다.
저에게 내린 성령의 특은에 온전히 협력하도록 도와주소서.

10월 18일

지혜는 자기에게 맞갖은 이들을
스스로 찾아 돌아다니고 그들이 다니는 길에서
상냥하게 모습을 드러내며
그들의 모든 생각 속에서 그들을 만나 준다.

지혜 6,16

   자애로우신 어머니의 연민과 사랑은 지극하십니다.
   그 연민과 사랑이 참으로 지극하시어, 성모님은 우리의 기도를 기다리지 못하시고, 먼저 그 연민과 사랑을 베풀어 주십니다.

— 알폰소 마리아 데 리구오리 성인

성모님, 성모님은 저의 바람과 나약함을 모두 알고 계십니다. 제가 정신이 없어 성모님을 부르지 못할 때에도 도우러 오소서.

10월 19일

십자가의 성 바오로 사제

주 너희 하느님께서 너희에게
요구하시는 것이 무엇이겠느냐?
그것은 그분을 사랑하고, 마음을 다하고
목숨을 다하여 주 너희 하느님을 섬기는 것이다.

신명 10,12 참조

자신의 마음을 성모 성심 안으로 던져 넣으십시오.
티 없이 깨끗하신 성모 성심을 통하여 최고선最高善을 사랑하십시오.

— 십자가의 바오로 성인

성모님, 티 없이 깨끗하신 성모님의 성심은 하느님을 사랑하는 비결을 간직하고 계십니다. 마음을 다해 하느님을 사랑하고 모든 일에서 하느님의 뜻을 실천하도록 가르쳐 주소서.

10월 20일

행복하여라! 악인의 뜻에 따라 걷지 않는 사람,
오히려 주님의 가르침을 좋아하고
밤낮으로 그 가르침을 되새기는 사람.

시편 1,1-2

하느님의 어머니이신 동정녀께 유익하게 바치는 기도 가운데에서, 묵주 기도는 특별한 자리를 차지합니다.

묵주 기도는 흔히 "복되신 동정녀의 시편" 또는 "그리스도인 생활의 복음 소성무일도"라고 합니다.

― 비오 11세 교황

성모님, 묵주 기도는 본디 시편 150편처럼 15단 성모송 150번으로 이루어져 있었습니다. 시편을 존중하듯 묵주 기도를 똑같이 존중하게 하소서.

10월 21일

그때에는 여러분이 그리스도와 관계가 없었고,
이스라엘 공동체에서 멀리 떨어져 있었으며,
약속의 계약과도 무관하였고,
이 세상에서 아무 희망도 가지지 못한 채
하느님 없이 살았다는 사실을 기억하십시오.

에페 2,12

　오, 성모님! 성모님께 달려갈 때마다 저희가 바라는 모든 것을 얻으리라고 확신합니다.
　아무런 희망을 갖지 못한 사람들도 성모님께 희망을 두게 해 주소서.

— 베르나르도 성인

성모님, 성모님은 희망이 없는 사람들의 희망이십니다. 죄인들을 불쌍히 여기시어, 어머니가 하느님이신 당신 아드님께 데려가실 수 있도록, 그들에게 회개의 희망을 주소서.

성 요한 바오로 2세 교황

10월 22일

나는 모든 사람을 위하여 간청과 기도와
전구와 감사를 드리라고 권고합니다.
우리가 아주 신심 깊고 품위 있게,
평온하고 조용한 생활을 할 수 있도록 하십시오.

1티모 2,1-2 참조

우리 마음은 묵주 기도 한 단에, 개인과 가정과 나라와 온 인류의 삶을 이루는 모든 사건을 다 담을 수 있습니다.

묵주 기도로 우리는 자신과 이웃 사람들의 처지를, 특별히 우리가 사랑하는 사람들의 상황을 모두 담아 간청할 수 있습니다.

— 요한 바오로 2세 성인 교황

성모님, 묵주 기도는 인간의 삶과 함께 고동칩니다. 예수님의 신비를 묵상하며 그 신비를 제 삶으로 드러내도록 이끌어 주소서.

10월 23일

나는 너희에게 평화를 남기고 간다.
내 평화를 너희에게 준다.
내가 주는 평화는 세상이 주는 평화와 같지 않다.
너희 마음이 산란해지는 일도,
겁을 내는 일도 없도록 하여라.

요한 14,27

   평화의 모후이신 성모님, 평화의 하느님이 세상에 주시는 평화는 바로 성모님의 티 없이 깨끗하신 성심을 통하여 옵니다.
   이 감미로운 평화가 교회와 저희 영혼을 다스리게 해 주소서.

— 요한 외드 성인

평화의 모후이신 성모님, 제 마음에 평화를 주소서. 그리하여 가족과 교회, 나라, 그리고 세계 평화를 위해 일할 수 있도록 이끌어 주소서.

성 안토니오 마리아 클라렛 주교 10월 24일

예수님은 부모와 함께 나자렛으로 내려가,
그들에게 순종하며 지냈다.
그의 어머니는 이 모든 일을 마음속에 간직하였다.

루카 2,51

  예수님을 본받는 가운데, 그리스도인들은 성모님을 사랑하고 성모님을 위해 최선을 다해야 합니다.
  그리스도인들은 성모님을 어머니로 모셔야 하며, 예수님이 어머니께 온전히 순종하셨듯이, 어머니를 사랑하고 섬겨야 합니다.

— 안토니오 마리아 클라렛 성인

성모님, 어머니이신 성모님을 향한 사랑과 신심이 자라게 하소서. 모든 일에서 성모님을 섬기게 하시고, 그렇게 하여 하느님이신 당신 아드님께 순종하고 그분을 섬기도록 도와주소서.

10월 25일

너는 네 아버지의 하느님을 바로 알고,
한결같은 마음과 기꺼운 마음으로 그분을 섬겨라.
주님께서는 모든 마음을 살피신다.

1역대 28,9

충실한 신자여, 성모님을 본받으십시오. 마음속 깊은 곳으로 들어가 죄를 깨끗이 씻고 영적인 정화를 받으십시오.

하느님은 우리가 하는 모든 일에서 그 일 자체보다는 우리의 선의에 더 많은 가치를 부여하십니다.

— 라우렌시오 유스티니아노 성인

성모님, 성모님은 순결한 마음의 전형이십니다. 모든 일에서 올바른 지향을 주시어, 제 모든 말과 행동이 하느님이신 당신 아드님의 마음에 들게 하소서.

10월 26일

청하여라, 너희에게 주실 것이다.
찾아라, 너희가 얻을 것이다.
문을 두드려라, 너희에게 열릴 것이다.

마태 7.7

하느님은 우리에게 자비를 보여 주시려는 간절함에서 그분의 아드님을 우리의 변호자로 주셨습니다.

그리고 우리의 확신을 더욱 굳건하게 하시려고 또 다른 변호자를 주셨습니다. 그분은 기도를 통하여 그분이 청하는 것은 무엇이든 다 얻어 내십니다. 성모님께 나아가십시오. 그러면 구원을 볼 것입니다.

— 알폰소 마리아 데 리구오리 성인

성모님, 하느님께서는 성모님을 가장 강력한 변호자로 주셨으니, 온갖 어려움이 닥쳤을 때, 특히 영원한 구원이 위태로워질 때 성모님을 부르게 하소서.

10월 27일

아버지를 공경하는 이는
죄를 용서받는다.
제 어머니를 영광스럽게 하는 이는
보물을 쌓는 이와 같다.

집회 3,3-4

   그리스도의 어머니이신 성모님은 지혜와 정의의 어머니이시며, 성덕과 구원의 어머니이십니다.
   성모님은 육신의 어머니보다 훨씬 더 나은 우리의 어머니이십니다.

— 엘레드 성인

성모님, 성모님은 모든 그리스도인의 영적인 어머니이십니다. 어머니의 신심 깊은 자녀로서 교회에 충실하고, 하느님이신 당신 아드님에게서 나오는 어머니의 가르침을 충실히 따르도록 도와주소서.

10월 28일

성령의 열매는
사랑, 기쁨, 평화, 인내, 호의,
선의, 성실, 온유, 절제입니다.
갈라 5,22-23

성령은 어떤 영혼 안에서 성모님을 찾으시면, 그 영혼 안으로 날아드십니다.

성령은 그 영혼에 임하시어, 그에게 당신 자신을 풍요롭게 전해 주십니다.

— 루도비코 마리아 그리뇽 드 몽포르 성인

성모님, 성모님은 저희 영혼 위에 성령과 그 무한한 선물을 내려 주십니다. 성모님을 공경하는 깊은 신심으로 이 선물들을 한없이 받게 해 주소서.

10월 29일

하늘이 땅 위에 드높이 있듯이
내 길은 너희 길 위에,
내 생각은 너희 생각 위에 드높이 있다.

이사 55,9

복음서에 기록된 성모님에 관한 이야기에서 조금이라도 엄격한 모습을 찾는다면, 그분께 나아가는 것을 두려워할 것입니다. 그러나 우리는 그런 모습을 하나도 찾지 못할 것입니다.

그러니 기쁜 마음으로 성모님께 나아가십시오. 성모님이 당신 전구로 우리를 구원해 주실 것입니다.

— 베르나르도 성인

성모님, 성모님은 당신께 나아가는 모든 사람에게 지극히 자애로우신 중개자이시니, 아무런 두려움 없이 성모님께 나아가게 해 주소서.

10월 30일

정녕 아름답고 사랑스럽구려,
오, 사랑, 환희의 여인이여!

아가 7.7

성모님의 사랑은 매우 크십니다.
성모님은 참으로 그 사랑이 지극하여, 하느님의 마음마저 사로잡는 완전한 아름다움으로 일어서십니다.

— 빌라노바의 토마스 성인

성모님, 성모님은 하느님과 인간을 위한 사랑으로 가득하십니다. 지상에서 성모님의 그 사랑을 나누도록 힘쓰다가, 천국에서 성모님의 영광을 나누어 받게 해 주소서.

10월 31일

교훈을 놓치지 말고 굳게 잡아라.
그것이 네 생명이니 잘 지켜라.

잠언 4,13

천상의 신비가 어렵고 슬프거나, 그 신비를 몰라서 성모님을 떠난 사람이 있습니까?
하느님의 어머니가 전구해 주시어, 즐겁고 기쁜 일상생활로 돌아오지 못한 사람이 누구입니까?

— 로잔의 아마데오 성인

성모님, 제 평생 모든 날, 성모님과 함께 지내게 해 주소서. 또한 죄악의 길과 악마의 손아귀에서 벗어나도록 지켜 주소서.

위령 성월

11월

11월 1일 　　　　　　　　　　　　　　　　모든 성인 대축일

> 우리가 우리 하느님의 종들의 이마에
> 인장을 찍을 때까지
> 땅도 바다도 나무도 해치지 마라.
>
> 묵시 7,3

　미리 정해진 사랑의 위대한 인호를 지닌 사람들은 기뻐하며 성모송을 바칩니다.
　하느님을 더 많이 따르는 사람일수록 성모송을 더 많이 사랑합니다.

— 루도비코 마리아 그리뇽 드 몽포르 성인

성모님, 모든 성인은 성모송을 신심의 징표로 지니고 있었습니다. 성모님을 공경하는 제 신심이 끊임없이 자라나 구원의 참된 보증이 되게 하소서.

죽은 모든 이를 기억하는 위령의 날

아브라함 할아버지,
저에게 자비를 베풀어 주십시오.
라자로를 보내시어 그 손가락 끝에 물을 찍어
제 혀를 식히게 해 주십시오.
제가 이 불길 속에서 고초를 겪고 있습니다.

루카 16,24

　우리 복되신 어머니가 언젠가 저에게 이렇게 말씀하셨습니다.
　"나는 가련한 영혼들의 어머니다. 그들이 연옥에 머무는 그 모든 시간에 나의 기도가 그들의 고통을 덜어 주고 있다."

— 비르지타 성녀

성모님, 성모님은 연옥에 있는 가련한 영혼들의 어머니이십니다. 그들의 고통을 덜어 주시고, 어서 빨리 그들이 천국의 지복으로 들어가게 해 주소서.

11월 3일

참으로 거룩하고 경건한 생각이었다.
그러므로 그가 죽은 이들을 위하여 속죄를 한 것은
그들이 죄에서 벗어나게 하려는 것이었다.

2마카 12,45

복되신 동정 마리아는 당신의 기도를 통하여 그리고 당신의 공로를 통하여 연옥 영혼들을 구원하시는 권능을 지니고 계십니다.

이는 특별히 지상에서 성모 신심을 지녔던 영혼들에게 들어맞는 말입니다.

— 시에나의 베르나르디노 성인

성모님, 저희를 위하여 그리고 연옥 영혼들을 위하여 빌어 주소서. 특히 성모님을 열심히 공경했던 거룩한 영혼들을 위하여 빌어 주소서.

성 가롤로 보로메오 주교 기념일 11월 4일

모든 대사제는 사람들 가운데에서 뽑혀
사람들을 위하여 하느님을 섬기는 일을 하도록
지정된 사람입니다.
곧 죄 때문에 예물과 제물을 바치는 것입니다.
히브 5,1

하느님의 거룩한 어머니이신 성모님, 당신 아드님이 교회를 섬기도록 뽑으신 사제들을 위하여 빌어 주소서.
성모님의 전구로 그들이 열정에 넘치는 거룩하고 정결한 사제가 되도록 도와주소서. 사제들이 하느님의 백성을 섬기는 가운데 덕행의 모범이 될 수 있게 해 주소서.

— 가롤로 보로메오 성인

사제들의 어머니이신 성모님, 언제나 교회의 사제들을 존경하며, 영혼들을 거룩하게 하는 고귀한 일을 수행하는 사제들을 위하여 기도하게 해 주소서.

11월 5일

> 그곳에 사는 이는 아무도
> "나는 병들었다." 하지 않고
> 거기에 거주하는 백성은
> 죄를 용서받으리라.
>
> 이사 33,24

교회는 성모님을 "자비의 모후"라고 부릅니다. 우리는 성모님이 원하시는 사람에게, 원하시는 때에, 원하시는 대로 하느님 자비의 심연을 열어 주신다고 믿습니다.

성모님을 보호자로 모시는 죄인은, 그 죄가 아무리 크다 해도, 결코 파멸하지 않을 것입니다.

— 베르나르도 성인

성모님, 완고한 죄인들이 회개하고 용서를 받게 해 주소서. 참으로 죄를 슬퍼하며, 그 잘못을 고치도록 노력하는 확고한 마음을 지니게 해 주소서.

11월 6일

땅끝에서 기진한 마음으로 당신을 부르나이다.
제가 못 오를 바위 위로 저를 이끌어 주소서.
당신은 저의 피신처이시옵니다.

시편 61,3-4

거룩하게 초자연적으로 살고자 한다면, 하느님의 어머니께 기도를 바치십시오.
스스로 활기를 잃어간다고 여길 때에, 티 없이 깨끗하신 우리 어머니를 자주 뵙고, 내적 간청을 드리십시오.

― 막시밀리아노 마리아 콜베 성인

성모님, 성모님은 언제나 저희 기도를 들어주십니다. 날마다 모든 순간에 관심을 기울여야 할 많은 일들 속에서도, 언제나 기도하며 어머니와 일치하여 살도록 도와주소서.

11월 7일

승리가 죽음을 삼켜 버렸다.
죽음아, 너의 승리가 어디 있느냐?
죽음아, 너의 독침이 어디 있느냐?

1코린 15,54-55

  우리는 비록 죄인들이지만, 이 세상을 떠날 때에 성모님이 도와주시리라는 희망과 확신을 지녀야 합니다.
  이 세상에 사는 우리의 수명을 깨닫고, 오로지 사랑으로 성모님만을 섬겨야 합니다.

— 알폰소 마리아 데 리구오리 성인

성모님, 저를 온전히 성모님께 바치오니, 언제나 보살펴 주시고, 특히 이 세상을 떠날 때 저를 보호해 주소서.

11월 8일

마르타야!
너는 많은 일을 염려하고 걱정하는구나.
그러나 필요한 것은 한 가지뿐이다.
마리아는 좋은 몫을 선택하였다.
그리고 그것을 빼앗기지 않을 것이다.

루카 10,41-42

우리의 지상에서의 생애는 곤경과 유혹으로 가득 차 있습니다.
우리는 스스로 성모님께 사로잡혀, 어느 면에서든 성모님의 거룩한 표양을 따라 살아가야 합니다.

— 바오로 6세 성인 교황

성모님, 이 세상에 사는 동안 저를 끊임없이 괴롭히는 유혹을 이겨 낼 수 있도록 도와주시고, 성모님을 가까이 따르도록 이끌어 주소서.

11월 9일

의인들의 영혼은 하느님의 손안에 있어
어떠한 고통도 겪지 않을 것이다.
그들은 평화를 누리고 있다.

지혜 3,1.3 참조

우리는 성모님께 선종의 은총을 간청해야 합니다.
그 은총으로 각자의 구원 노력을 효과적으로 마무리하기에, 마지막 인내 속에 선종하는 은총은 분명 모든 은총 가운데 가장 중요합니다.

— 베네딕토 15세 교황

모든 은총의 중개자이신 성모님, 살아가는 동안 저에게 필요한 은총을 베푸시고, 특별히 선종의 은총을 내려 주소서.

성 대 레오 교황 학자 축일 11월 10일

정신을 차리고 깨어 있도록 하십시오.
여러분의 적대자 악마가 으르렁거리는 사자처럼
누구를 삼킬까 하고 찾아 돌아다닙니다.
여러분은 믿음을 굳건히 하여
악마에게 대항하십시오.

1베드 5,8-9

 악마는 언제나 누군가를 삼키려고 찾아다닙니다.
 마찬가지로, 성모님도 언제나 누군가를 찾아다니시며 어떻게든 도와주십니다.

— 대 레오 성인 교황

성모님, 성모님은 언제나 깨어 계시며 특히 어머니께 봉헌된 사람들을 도와주십니다. 저를 악마의 올가미에서 보호하시고, 어머니의 보살핌으로 언제나 안전하게 지켜 주소서.

11월 11일

당신 자비를 기억하시어
당신 종 이스라엘을 돌보셨으니
우리 조상들에게 말씀하신 대로
아브라함과 그 후손에게
그분의 자비 영원하리라.

루카 1,54-55

   성모님은 빛을 향해 나아가는 하느님 백성의 신앙 여정에 한결같이 현존하고 계십니다.
   이는 특별히 '마니피캇'이라는 '마리아의 노래'에서 잘 드러납니다. 엘리사벳을 방문하셨을 때에 성모님의 깊은 믿음에서 우러나온 이 찬가는 오랜 세월 교회의 가슴 속에서 끊임없이 메아리치고 있습니다.

— 요한 바오로 2세 성인 교황

성모님, 가난하고 비천한 사람들을 구원하시는 하느님의 자비를 찬양하신 성모님의 찬가는 저희가 즐겨 부르는 기도입니다. 기쁜 마음으로 날마다 이 기도를 바치게 해 주소서.

11월 12일

지혜가 어머니처럼 그를 맞이하고,
그는 지혜에 기대어 쓰러지지 않으며
지혜를 붙잡고 부끄러운 일을 당하지 않으리라.

집회 15,2.4 참조

성모님은 교회의 마음이십니다.
바로 이 마음에서 모든 자비와 사랑의 활동이 끊임없이 솟아나옵니다.

― 안토니오 마리아 클라렛 성인

성모님, 하느님이신 당신 아드님의 참교회 안에서 믿음을 자라게 하시고, 그 믿음이 진정한 사랑의 활동으로 드러나게 해 주소서.

11월 13일

지혜에 전념하는 사람은 행복하다.
그는 마음속으로 지혜의 길을 숙고하고
지혜의 비밀을 명상한다.

집회 14,20-21 참조

    성모님은 우리 모두를 위하시는 지극히 온유하신 사랑을 지니고 계십니다.
    성모님이 온 세상의 찬양을 받으신다 해도, 모든 사람이 자신의 삶을 성모님께 바친다 해도, 그것은 우리가 마땅히 성모님께 드려야 할 공경에 비기면 작은 일일 것입니다.

— 알폰소 마리아 데 리구오리 성인

성모님, 저는 성모님께 감사와 찬양을 드려야 할 많은 빚을 지고 있습니다. 날마다 성모님께 감사드리며, 제가 만나는 모든 사람에게 성모님의 찬가를 부르게 하소서.

11월 14일

내 아버지께 복을 받은 이들아,
와서, 세상 창조 때부터 너희를 위하여
준비된 나라를 차지하여라.

마태 25,34

우리 주님의 어머니이신 성모님이 천사들의 무리를 거느리시고 여러분을 만나러 오실 것입니다.

여러분을 위하여 다가올 그 날이 얼마나 기쁜 날이겠습니까!

— 예로니모 성인

성모님, 모든 순간마다 저를 보살피시고 죄에서 벗어나도록 지켜 주소서. 이 세상을 떠날 때에 저를 맞으러 오시어, 저의 영원한 본향인 천국으로 데려다주소서.

11월 15일
성 대 알베르토 주교 학자

하느님께서 예전에는 예언자들을 통하여
여러 번에 걸쳐 여러 가지 방식으로
조상들에게 말씀하셨지만,
이 마지막 때에는 아드님을 통하여
우리에게 말씀하셨습니다.

히브 1,1-2

성모님은 하느님 아버지가 당신 아드님이신 하느님 말씀을 적어 두신 거룩한 지면紙面입니다.

— 대 알베르토 성인

성모님, 성모님은 하느님의 아드님을 계시해 주십니다. 날마다 성모님을 관상하여, 성모님과 더불어 예수님을 더 깊이 알게 해 주소서.

성녀 제르트루다 동정　　　　　　　　　　　　　　11월 16일

자족하는 사람과 일하는 사람에게
인생은 감미롭지만
이 둘보다 보물을 찾는 이가 낫다.

집회 40,18

　지극히 거룩하신 성모 성심이시여, 제가 가진 단 하나 좋은 것은 바로 성모님이 친히 주신 보화, 곧 예수 성심입니다!
　이제 저는 성모님께 예수님을 바칩니다. 예수님은 무한한 가치를 지닌 분이셔서, 성모님은 마땅히 받으셔도, 저는 더 이상 드릴 수가 없습니다.

— 제르트루다 성녀

성모님, 제가 예수님 안에서 지니는 보화를 제대로 깨닫고, 평생 동안 예수님 가까이 머물도록 지켜 주소서.

11월 17일   헝가리의 성녀 엘리사벳 수도자 기념일

**많이 주신 사람에게는 많이 요구하시고,
많이 맡기신 사람에게는 그만큼 더 청구하신다.**
루카 12,48

  복되신 동정녀는 언젠가 이렇게 말씀하셨습니다. "너는 내가 아무런 노력도 하지 않고 은총을 얻는다고 생각하지.

  내가 크나큰 노력을 기울여 끊임없이 기도하며 열렬히 갈망하고, 수많은 눈물을 흘리며 고행하여 하느님께 은총을 받는다는 것을 알아라."

— 헝가리의 엘리사벳 성녀

성모님, 성모님은 은총에 협력하는 전형이십니다. 성모님이 저희를 위하여 얻어 주신 은총에 온전히 협력하도록 도와주소서.

11월 18일

그들은 유배의 땅에서 나를 찬양하고
내 이름을 기억할 것이다.

바룩 2,32

    지극히 거룩하신 동정 마리아님, 성모님의 이름은 너무 감미롭고 사랑스러워, 성모님과 하느님을 향한 사랑을 불러일으키지 않고서는 입에 올릴 수도 없습니다.

    성모님을 사랑하는 사람들은 마음속에서 성모님의 이름을 기억하는 것만으로도 충분합니다. 성모님의 이름으로 그들은 위로를 받아 더 큰 사랑으로 불타오릅니다.

— 베르나르도 성인

성모님, 어머니의 이름은 저희의 위로이십니다. 지상에 사는 동안 어머니의 이름으로 언제나 위로하여 주소서.

11월 19일

당신께서는 저를 알고 살피시며
제 마음을 떠보십니다.

예레 12,3 참조

　성모님, 성모님은 저희 마음을 사로잡으시는 동정녀이십니다.
　성모 성심을 공경하는 영혼들을 천상 기쁨으로 이끌어 주소서.

― 요한 외드 성인

성심의 모후이신 성모님, 어머니의 보호 아래 저를 거두시고, 잠시 지나가는 지상에서 성모 성심을 공경하여 천국에서 영원히 성모님을 모시게 해 주소서.

11월 20일

지혜와 맺는 가족 관계에 불사가 있고
그와 맺는 우정에 온전한 환희가,
그가 손수 하는 일에
한량없이 많은 재산이 있다.

지혜 8,17-18 참조

　우리의 선행이 성모님의 손으로 전해져, 성모님의 공로와 전구의 힘으로 더 많은 정화를 받습니다.
　그러한 까닭에, 우리의 선행은 연옥에서 정화를 받는 거룩한 영혼들을 더 많이 위로할 수 있습니다.

— 루도비코 마리아 그리뇽 드 몽포르 성인

성모님, 제 선행을 깨끗하게 정화하시어 연옥의 거룩한 영혼들에게 전해 주소서. 특히 지상에서 저와 가까이 지내던 사람들의 영혼을 돌보아 주소서.

11월 21일 — 복되신 동정 마리아의 자헌 기념일

의인은 주님의 집에 심겨
우리 하느님의 앞뜰에서 우거지리라.

시편 92,14 참조

복되신 동정 마리아는 성전으로 인도되셨습니다.
그때부터 하느님의 집에 심겨 성령이 가꾸신 성모님은 우거진 올리브 나무처럼 많은 열매를 맺으시어 모든 덕행의 거처가 되셨습니다.

— 다마스쿠스의 요한 성인

성모님, 성모님의 육신과 영혼 모두 성전에서 자랐습니다. 제 육신이 성장을 멈추더라도 영혼은 언제나 끊임없이 자라게 해 주소서.

11월 22일

당신 말씀은 제 발에 등불
저의 길을 밝히는 빛이옵니다.
당신의 의로운 법규를 지키려 하나이다.
제가 맹세하고 실천하나이다.

시편 119,105-106

믿는다는 것은 살아 계신 하느님 말씀의 진리에 자기 자신을 바친다는 뜻입니다.

성모님은 지극히 높으신 분의 영원하신 의지에 따라 하느님의 '헤아릴 수 없는 판단'과 '알 수 없는 길' 한복판에 서 계십니다. 그리고 신앙의 희미한 빛 속에 있는 사람들과 스스로 동화되시고, 하느님의 계획에서 결정된 모든 것을 온전히 받아들이십니다.

— 요한 바오로 2세 성인 교황

성모님, 성모님은 하느님의 말씀을 마음속 깊이 간직하셨습니다. 저도 하느님 말씀을 귀 기울여 듣고 제 평생 모든 날 어떠한 처지에서든 그 말씀을 간직하도록 도와주소서.

11월 23일

너는 용모가 아리따울 뿐만 아니라
말도 훌륭히 잘하는구나.
네가 말한 대로 하면,
너의 하느님은 나의 하느님이 되실 것이다.

유딧 11,23

   성모님을 통하여 하늘의 문이 열렸기에, 그분은 당신 자신과 다른 사람들을 위하여 영광을 찾으신 것입니다.
   하느님이 성모님을 통하여 우리에게 내려오셨으므로, 우리가 성모님을 통하여 하느님께 올라가야 한다는 것은 옳은 말입니다.

— 보나벤투라 성인

성모님, 성모님은 하느님을 저희에게 모셔다 주시고, 저희를 하느님께 데려다주십니다. 날마다 성모님의 영감을 따르도록 도우시어, 하느님이신 당신 아드님과 일치하여 살게 해 주소서.

11월 24일

참된 것과 고귀한 것과
의로운 것과 정결한 것과 사랑스러운 것과
영예로운 것은 무엇이든지,
다 마음에 간직하십시오.

필리 4,8 참조

하느님은 온갖 좋은 것을 모두 성모님 안에 맡겨 두셨습니다.
그러기에 우리가 어떤 희망을 지니거나 어떤 은총이나 구원을 받는다면, 우리는 그 모든 것이 성모님을 통하여 우리에게 온다는 것을 깨달아야 합니다.

— 베르나르도 성인

성모님, 영적인 모든 선이 하느님에게서 성모님을 통하여 옵니다. 저의 영적인 성장에 도움이 되는 것만을 청하도록 가르쳐 주소서.

11월 25일

영은 생명을 준다.
그러나 육은 아무 쓸모가 없다.
내가 너희에게 한 말은
영이며 생명이다.

요한 6,63

지혜의 주인이시며 어머니이신 성모님은 몇 가지 말씀만 하셨지만, 그 한 마디 한 마디는 매우 깊은 의미로 가득 차 있습니다.

그리스도의 어머니는 일곱 번 지혜에 가득 찬 일곱 가지 말씀을 하셨다고 합니다.

— 시에나의 베르나르디노 성인

성모님, 성모님의 말씀은 예수님의 말씀처럼 영이며 생명이십니다. 깊은 의미를 지닌 그 말씀을 날마다 깊이 묵상하도록 이끌어 주소서.

11월 26일

너희가 내 이름으로 청하는 것은 무엇이든지
내가 다 이루어 주겠다.
그리하여 아버지께서 아들을 통하여
영광스럽게 되시도록 하겠다.

요한 14,13

   지극히 사랑스러우신 성모님, 성모님을 사랑하는 사람은 행복합니다!
   성모님을 사랑한다면, 확실히 인내하게 되고, 바라는 것은 무엇이든 하느님에게서 얻을 것입니다.

— 요한 베르크만스 성인

성모님, 성모님은 하느님께 은총을 얻어 주시는 커다란 권능을 지니고 계십니다. 하느님이신 당신 아드님에게서 합당한 은총을 얻어 주시어, 이 세상을 떠날 때까지 그 은총을 충실히 간직하게 하소서.

11월 27일

그분께서는 당신 앞에 놓인
기쁨을 내다보시면서, 부끄러움도
아랑곳하지 않으시고 십자가를 견디어 내시어,
하느님의 어좌 오른쪽에 앉으셨습니다.

히브 12,2

성모님은 당신 자녀들에게 십자가를 주시지만, 그 십자가를 인내하며 기쁘게 지고 갈 수 있는 은총도 주십니다.

성모님이 당신을 공경하는 이들에게 주시는 십자가는 고통에 가득 찬 것이 아니라 감미로움에 젖어 있습니다.

— 루도비코 마리아 그리뇽 드 몽포르 성인

성모님, 저는 하느님께서 보내신 십자가에 자주 짓눌리고 있습니다. 그 십자가를 불평하지 않고 인내하며 지고 가도록 도와주소서.

11월 28일

하느님께서 놓으신
튼튼한 기초는 그대로 서 있으며,
거기에는 "주님께서는 당신의 사람들을 아신다."는
말씀이 봉인처럼 새겨져 있습니다.

2티모 2,19 참조

　우리가 성모님의 참된 종이고 그분의 보호를 받는다면, 생명의 책에 확실히 기록될 것입니다.
　성모 신심의 표지를 지닌 사람은 하느님이 누구나 당신의 사람으로 인정하십니다.

— 알폰소 마리아 데 리구오리 성인

성모님, 성모님을 공경하는 제 신심이 결코 흔들리지 않게 해 주소서. 그 신심으로 평생 동안 영적인 행복을 누리고, 죽어서는 영원한 행복의 보증을 얻게 해 주소서.

11월 29일

모든 성도들 가운데에서
가장 보잘것없는 나에게 그러한 은총을 주시어,
그리스도의 헤아릴 수 없는 풍요를
다른 민족들에게 전하게 하셨습니다.

에페 3,8 참조

  성모님의 자녀들이 자신을 성모님께 의탁하면 할수록, 성모님은 그들을 "그리스도의 헤아릴 수 없는 풍요"에 더 가까이 데려다주십니다.
  이와 같은 정도로 그들은 인간의 존엄과 소명을 더욱 더 분명히 인정하게 됩니다.

— 요한 바오로 2세 성인 교황

성모님, 날마다 당신 아드님이신 예수님에 대한 지식과 사랑으로 자라나 모든 일에서 예수님을 뵙게 해 주소서.

11월 30일

믿음이 없이는 하느님 마음에 들 수 없습니다.
하느님께 나아가는 사람은 그분께서 계시다는 것과
그분께서 당신을 찾는 이들에게
상을 주신다는 것을 믿어야 합니다.

히브 11,6

성모님은 그리스도의 공로로 구원받은 인간의 고귀한 전형이실 뿐만 아니라 믿음의 나그넷길을 걷는 인류의 전형이십니다.
성모님의 믿음이 우리를 복음의 실재로 인도합니다.

— 바오로 6세 성인 교황

성모님, 성모님은 믿음의 나그넷길을 걷는 모범이십니다. 혼란스러운 이 세상의 길을 걸어가며, 어머니의 믿음을 본받게 해 주소서.

12월 1일

너희 마음이 산란해지는 일이 없도록 하여라.
하느님을 믿고 또 나를 믿어라.
요한 14,1

오, 행복한 신뢰이며 완전한 피신처이신 성모님! 하느님의 어머니는 우리의 어머니이십니다.
우리의 구원이 자애로우신 어머니와 좋으신 우리 형제의 심판에 달려 있으니, 우리는 얼마나 확고한 신뢰를 지녀야 하겠습니까!

— 안셀모 성인

구원의 어머니이신 성모님, 살아가는 동안 어떠한 위험에 부딪치더라도, 하느님이신 당신 아드님과 어머니께 모든 신뢰를 두게 하소서.

12월 2일

나는 그들에게 다른 마음을 넣어 주고,
그들 안에 새 영을 넣어 주겠다.
그들의 몸에서 돌로 된 마음을 치워 버리고
살로 된 마음을 넣어 주겠다.

에제 11,19

자신의 마음을 온전히 성모님께 바치십시오.
그리고 하느님이신 당신 아드님의 성심과 같게 만들어 주시라고 간청하십시오.

— 요한 외드 성인

성모님, 제 마음을 기꺼이 성모님께 바치오니, 예수 성심과 같게 만들어 주소서. 하느님이신 당신 아드님의 감정을 지니는 은총을 베풀어 주소서.

12월 3일 — 성 프란치스코 하비에르 사제 기념일

세상 모든 민족들 가운데에서
너희가 칭송과 명성을 얻게 해 주리라.
— 주님께서 말씀하신다.

스바 3,20

   우리 구세주의 십자가 곁에 그 어머니이신 성모님의 상본을 모시지 못한 적이 가끔 있었습니다.
   그럴 때면 언제나 복음에 저항하는 사람들을 찾아냈습니다.

— 프란치스코 하비에르 성인

선교의 어머니이신 성모님, 해외 선교는 기도로, 국내 선교는 그리스도인 생활의 증거로 복음 전파를 도울 수 있게 해 주소서.

다마스쿠스의 성 요한 사제 학자

우리는 낮에 속한 사람이니,
맑은 정신으로 믿음과 사랑의 갑옷을 입고
구원의 희망을 투구로 씁시다.

1테살 5,8

  하느님의 어머니이신 성모님, 어머니를 믿는 희망을 생생하게 간직하는 한, 저는 안전할 것입니다.
  성모님의 보호와 강력한 도우심이라는 이 하나의 방패로 모든 원수와 싸워 이길 것입니다.

— 다마스쿠스의 요한 성인

성모님, 성모님은 영적 승리의 모후이십니다. 제가 사는 동안 그리고 특별히 이 세상을 떠날 때, 마귀의 온갖 공격을 이겨 낼 힘을 주소서.

12월 5일

예수님께서는 빵을 들어
사도들에게 주시며 말씀하셨다.
"이는 너희를 위하여 내어 주는 내 몸이다.
너희는 나를 기억하여 이를 행하여라."

루카 22,19 참조

그리스도교 백성은 성모님의 모성을 특별히 거룩한 잔치에서 알아보고 체험합니다. 그 잔치에 그리스도가 "동정 마리아에게서 나신 참된 몸"으로 현존하십니다.

성모님은 신자들을 성찬례로 인도하십니다.

— 요한 바오로 2세 성인 교황

성모님, 모든 미사에 능동적으로, 의식적으로 온전히 참여하도록 노력하여, 성찬례를 잘 알고 사랑하며 성찬의 정신에 따라 살아가도록 이끌어 주소서.

12월 6일

하느님, 찬미받으소서, 칭송받으소서.
당신의 이름은 영원히 영광 받으소서.

다니 3,26

성모님의 이름 그 자체에 눈부신 덕행과 감미로운 겸손의 광채와 하느님이 기뻐하시는 희생이 담겨 있습니다.
성모님의 이름은 환대의 표지이며 성덕의 중심입니다.

— 베드로 크리솔로고 성인

성모님, 성모님의 거룩하신 이름은 영원토록 영광스러우십니다. 성모님의 이름을 공경하며, 날마다 그 거룩한 이름을 부르게 해 주소서.

12월 7일 — 성 암브로시오 주교 학자 기념일

하느님께서는 미리 뽑으신 이들을
당신의 아드님과 같은 모상이 되도록
미리 정하셨습니다.
그렇게 미리 정하신 이들을
의롭게 하셨습니다.

로마 8,29-30 참조

　복되신 동정녀를 사랑으로 자주 묵상하십시오.
　그렇게 할 은총을 받은 사람들은 미리 정해진 위대한 표지를 지니고 있습니다.

— 암브로시오 성인

성모님, 성모님과 하느님이신 당신 아드님을 자주 묵상하게 해 주소서. 당신 아드님과 같은 모상이 되어, 하느님께서 정해 놓으신 성덕에 이르도록 이끌어 주소서.

한국 교회의 수호자 원죄 없이 잉태되신 복되신 동정 마리아 대축일　　12월 8일

우리도 다 한때 그들 가운데에서
우리 육의 욕망에 이끌려 살았습니다.
우리도 본디 다른 사람들과 마찬가지로
하느님의 진노를 살 수밖에 없었습니다.

에페 2,3 참조

　지극히 거룩하신 성모님의 탄생은 "진노의 자식"으로 태어난 자들에 대한 저주와 달리 얼마나 고결하십니까!
　성모님은 원죄에 물들지 않고 잉태되셨으므로, 원죄에서 자유로우실 뿐만 아니라 우리를 죄로 이끄는 온갖 불행에서도 완전히 자유로우십니다.

― 보나벤투라 성인

원죄 없이 잉태되신 성모님, 오로지 성모님께 의지하는 저희를 위하여 빌어 주소서.

12월 9일

천사가 다시 마리아에게 말하였다.
"두려워하지 마라, 마리아야.
너는 하느님의 총애를 받았다."

루카 1,30

'원죄 없으신 잉태'라는 말은 성모님이 어떠한 분이신지를 정확하게 보여 줍니다.
성모님은 그분의 온 실존이 그 시작부터 지극히 거룩하십니다.

— 요한 바오로 2세 성인 교황

지극히 거룩하신 성모님, 일상의 사건들을 통하여 분명히 드러나는 하느님의 뜻을 이행하며 성덕을 쌓아 가도록 도와주소서.

12월 10일

일어나 비추어라. 너의 빛이 왔다.
주님의 영광이 네 위에 떠올랐다.

이사 60,1

성령은 복음서에서 성모님을 자세히 이야기하지 않으시고, 마음속에서 성모님의 모습을 그리도록 남겨 두셨습니다.

그렇게 함으로써 성모님을 공경하지 않는 단순한 사람들에게는 어떠한 은총도, 완덕도, 영광도 없다는 사실을 깨달을 것입니다.

— 빌라노바의 토마스 성인

성모님, 그리스도의 신비 안에서 성모님의 삶을 자주 묵상하도록 도와주소서. 그리하여 성모님이 누리시는 참된 영광을 알아보게 해 주소서.

12월 11일

지혜 안에 있는 정신은
명석하고 거룩하며 유일하고 다양하고 섬세하며
민첩하고 명료하고 청절하다.

지혜 7,22

　성모님은 얼마나 좋으신 분이십니까! 얼마나 아름다우십니까!
　성모님은 모든 존경을 받아 마땅합니다!

— 요한 외드 성인

성모님, 성모님은 어떠한 죄에도 물들지 않으시고 지극히 아름다우십니다. 제 말과 행동으로 성모님을 마땅히 찬양하게 해 주소서.

과달루페의 복되신 동정 마리아 　　　　　　　　　　12월 12일

당신은 이 땅에 찾아오시어
넘치는 물로 풍요롭게 하시나이다.

시편 65,10

성모님은 모든 곳에서 열매를 맺는 동정녀이십니다.
그러기에 성모님이 머무시는 영혼 안에서 몸과 마음의 순결을, 지향과 목적의 순결을 낳으시고, 많은 선행의 열매를 맺으십니다.

— 루도비코 마리아 그리뇽 드 몽포르 성인

성모님, 오늘 교회는 과달루페의 성모님으로 나타나신 당신의 발현을 기립니다. 이 영광스러운 칭호로 성모님을 공경하오니, 제 삶의 처지에 필요한 모든 은총을 베풀어 주소서.

12월 13일

당신 말씀 제 혀에 얼마나 달콤한지!
그 말씀 제 입에 꿀보다 다옵니다.

시편 119,103

복음서에 나오는 마리아의 일곱 가지 말씀은 놀라운 전개와 순서로 들립니다.
그 말씀이 신심 깊은 영혼에게 거룩한 사랑의 열정을 불러일으킵니다.

— 시에나의 베르나르디노 성인

성모님, 성모님이 하신 말씀을 그대로 따르도록 이끌어 주소서. 곧, 동정의 보전(루카 1,34 참조), 열정적인 섬김(루카 1,38 참조), 충직한 순종(루카 1,38 참조), 기쁨에 찬 찬양(루카 1,46-55 참조), 온유한 권위(루카 2,48 참조), 자애로운 사랑(요한 2,3 참조), 확고한 믿음(요한 2,5 참조)을 본받게 해 주소서.

12월 14일

> 하느님께서는 "아버지와 어머니를 공경하여라."
> 그리고 "아버지나 어머니를 욕하는 자는
> 사형을 받아야 한다."고 이르셨다.
>
> 마태 15,4

 예수님은 이렇게 말씀하셨습니다. "아버지와 어머니를 공경하여라."

 그러므로 예수님은 당신 자신이 선포하신 계명을 지키시려고, 당신의 어머니께 모든 은총과 영예를 드리셨습니다.

— 메토디오 성인

성모님, 주님의 어머니이시며 모든 사람의 어머니로서 성모님은 모든 은총과 영예를 받으셨습니다. 모든 천사와 성인들의 목소리에 제 목소리를 합쳐 성모님을 찬양하게 해 주소서.

12월 15일

우리는 우리 주 예수 그리스도를 통하여
하느님과 더불어 평화를 누립니다.
믿음 덕분에, 우리는 그리스도를 통하여
우리가 서 있는 이 은총 속으로
들어올 수 있게 되었습니다.

로마 5,1-2

성모님은 은총을 갈망하며 찾으셨기에 그 은총을 받으셨습니다.

성모님은 창조되지 않은 은총, 곧 하느님 자신이 당신 아드님이 되신 은총을 받으셨으며, 그 은총으로 성모님은 창조된 모든 선을 찾아 얻으셨습니다.

— 대 알베르토 성인

성모님, 성모님은 창조되지 않은 은총의 어머니이십니다. 제가 굳건한 믿음으로 하느님의 은총을 찾고, 그 은총을 받을 수 있도록 도와주소서.

12월 16일

우리는 그리스도 때문에
어리석은 사람이 되었습니다.
사람들이 욕을 하면 축복해 주고
박해를 하면 견디어 내고
중상을 하면 좋은 말로 응답합니다.
1코린 4,10.12-13 참조

하느님 사랑의 불로 타오르는 사람들은 티 없이 깨끗하신 성모 성심의 자녀들이며, 어디를 가든 그 사랑의 불로 타오릅니다.

아무것도 그들을 괴롭히지 못합니다. 그들은 가난 속에서 기뻐하고, 활기차게 일합니다. 곤경을 기꺼이 받아들이고, 거짓 무고를 웃어넘기며, 고뇌 속에서도 기뻐합니다.

— 안토니오 마리아 클라렛 성인

성모님, 티 없이 깨끗하신 성모 성심과 결합하여, 날마다 제 모든 기도와 일과 고통을 세상의 구원을 위하여 예수님께 봉헌하도록 이끌어 주소서.

12월 17일

내가 가서 너희를 위하여 자리를 마련하면,
다시 와서 너희를 데려다가 내가 있는 곳에
너희도 같이 있게 하겠다.

요한 14,3

   생명의 어머니이신 성모님은 언제나 생명과 함께 계셔야 했습니다.
   성모님께는 죽음도 그저 주무시는 것이었으며, 승천도 그저 잠에서 깨어나시는 행동이었습니다.

— 제르마노 성인

성모님, 예수님께서 다시 오실 때에 천국에서 성모님과 함께할 수 있도록, 하루하루를 거룩하게 살아가는 힘과 의지를 북돋아 주소서.

12월 18일

주 너의 하느님,
승리의 용사께서 네 한가운데에 계시다.
그분께서 너를 두고 기뻐하며 즐거워하신다.
당신 사랑으로 너를 새롭게 해 주시리라.

스바 3,17

한 여인이 하느님의 어머니가 되고, 하느님이 인간의 육신을 입으신 것보다 얼마나 더 위대한 기적을 세상이 볼 수 있겠습니까?

성모님은 겸손으로 당신을 지으신 창조주의 어머니가 되셨습니다. 창조주는 당신의 호의로 당신이 지으신 피조물의 아드님이 되셨습니다!

— 알폰소 마리아 데 리구오리 성인

성모님, 성모님은 온 세상이 아는 가장 위대한 사건에 적극 참여하셨습니다. 언제나 하느님의 부르심에 마음을 열고 하느님을 열렬히 섬기게 하소서.

12월 19일

나는 여러분을 기억할 때마다
나의 하느님께 감사를 드립니다.
그리고 기도할 때마다 늘 여러분 모두를 위하여
기쁜 마음으로 기도를 드립니다.

필리 1,3-4

성모님을 통하여, 비참한 사람들이 자비를 입고, 타락한 사람들이 은총을 찾고, 죄인들이 용서를 받습니다.

나약한 사람들이 힘을 지니며, 지상에 사는 사람들이 천상 것을 얻고, 죽을 인간이 생명을 차지하며, 나그네들이 자기 나라를 찾습니다.

— 아우구스티노 성인

성모님, 성모님은 영원히 하느님의 어좌 앞에서 저희를 위하여 전구해 주십니다. 온갖 곤경 속에서도 성모님께 나아가도록 도와주소서.

12월 20일

하느님의 은총으로 지금의 내가 되었습니다.
하느님께서 나에게 베푸신 은총은
헛되지 않았습니다.
1코린 15,10

영광스러우신 동정녀가 당신의 성심에서 솟아나오는 모든 은총을 베풀어 주시기를 빕니다.

— 보나벤투라 성인

성모님, 성모님이 하느님을 기쁘게 해 드리신 모든 은총을, 성모 성심 안에 있는 모든 은총을 저에게 부어 주소서.

12월 21일   성 베드로 가니시오 사제 학자

그분께서는 큰 인물이 되시고
지극히 높으신 분의 아드님이라 불리실 것이다.
그분께서 야곱 집안을 영원히 다스리시리니
그분의 나라는 끝이 없을 것이다.

루카 1,32-33 참조

   교부들은 성경에서 성모님 위에 쌓아 올린 엄청난 찬양을 알아보았습니다.
   성모님은 고귀한 다윗 임금을 당신의 조상으로 두시고, 영원히 다스리실 임금들의 임금이시며 주님들의 주님을 당신 아드님으로 두셨습니다.

— 베드로 가니시오 성인

성모님, 당신 아드님께서는 임금들의 임금이시기에, 성모님은 모든 민족의 모후이십니다. 날마다 성모님께 마땅한 공경과 찬양을 드리게 하소서.

12월 22일

보라, 내가 문 앞에 서서 문을 두드리고 있다.
누구든지 내 목소리를 듣고 문을 열면,
나는 그의 집에 들어가 그와 함께 먹고
그 사람도 나와 함께 먹을 것이다.

묵시 3,20

복되신 동정녀이시여, 믿음에 당신 마음을, 찬양에 당신 입술을 여시고, 창조주께 당신 태를 열어 드리소서.

보소서, 모든 민족이 갈망하던 분이 당신 문 앞에 오시어 들어오시려고 문을 두드리고 계십니다. 믿음으로 일어나 신심으로 서두르시어, 감사와 찬양으로 문을 열어 드리소서.

— 베르나르도 성인

성모님, 성모님은 열린 마음의 전형이십니다. 성모님께 그리고 하느님이신 당신 아드님께 제 마음을 열도록 이끌어 주시고, 영원히 제 마음속에 머물러 주소서.

12월 23일

나는 빛으로서 이 세상에 왔다.
나를 믿는 사람은 누구나
어둠 속에 머무르지 않게 하려는 것이다.

요한 12,46

    지극히 순결하신 동정녀, 하느님의 어머니가 참빛이신 분을 당신 팔에 안으시고, 어둠 속에 놓인 사람들에게 그 빛을 가져다주셨습니다.

    우리도 참빛이신 분을 만나러 갈 때에 빛을 가지고 가 모든 사람이 참빛의 광채를 보고 그 빛을 되비추게 해야 합니다.

— 소프로니오 성인

온 세상을 밝히시는 참빛의 어머니이신 성모님, 제 평생 모든 날에 그 빛을 증언하도록 도와주소서.

12월 24일

그들이 거기에 머무르는 동안
마리아는 해산 날이 되어,
첫아들을 낳았다.

루카 2,6-7

성모님, 당신의 태중에서 태어난 거룩하신 분이 참으로 사람이 되셨다면, 참으로 하느님의 어머니라 불리셔야만 합니다.
정녕 당신은 절대 진리 안에서 하느님을 낳으셨습니다!

— 소프로니오 성인

성모님, 성모님은 하느님의 아들을 낳으셨기에, 참으로 하느님의 어머니이십니다. 오늘 제가 만나는 모든 사람의 삶 속에 예수님을 낳는 법을 가르쳐 주소서.

12월 25일 — 주님 성탄 대축일

말씀이 사람이 되시어 우리 가운데 사셨다.
우리는 그분의 영광을 보았다.
은총과 진리가 충만하신 아버지의 외아드님으로서
지니신 영광을 보았다.

요한 1,14

   오늘 성모님이 하느님을 낳으셨으니, 성모님은 우리의 천국이십니다.
   지극히 높으신 하느님이 스스로 낮추시어 성모님 안에 머무르셨으니, 우리에게 구원을 가져다주실 것입니다.

— 에프렘 성인

성모님, 하느님의 아드님이 저희와 똑같은 사람이 되시어, 저희를 구원하실 것입니다. 언제나 성모님과 일치하여 살며 예수님을 똑같이 닮도록 도와주소서.

12월 26일

진실한 예배자들이 영과 진리 안에서
아버지께 예배를 드릴 때가 온다.
사실 아버지께서는
이렇게 예배를 드리는 이들을 찾으신다.
요한 4,23 참조

    복되신 동정녀를 공경하는 진정한 신심은 생각과 마음에서 시작되는 내적인 신심입니다.
    우리가 성모님께 지니는 존경심에서, 위대하신 성모님을 모시는 고귀한 생각에서, 성모님께 느끼는 사랑에서 흘러나오는 신심입니다.

— 루도비코 마리아 그리뇽 드 몽포르 성인

성모님, 성모님을 향한 신심이 외적인 것보다는 내적으로 진실한 신심이 되게 하소서. 성모님을 향한 공경과 진심으로 우러나오는 사랑에서 신심이 자연스럽게 흘러나오게 하소서.

12월 27일   성 요한 사도 복음사가 축일

나는 선택된 이들을 위하여
이 모든 것을 견디어 냅니다.
그들도 그리스도 예수님 안에서 받는 구원을
영원한 영광과 함께 얻게 하려는 것입니다.

2티모 2,10

  얼마나 놀라운 교환입니까! 성모님은 예수님 대신에 요한 사도를, 주님을 대신하는 종으로, 스승을 대신하는 제자로 받아들이십니다.
  성모님은 참하느님이자 참사람이신 하느님의 아드님 대신에 제베대오의 아들을 받아들이십니다.

― 베르나르도 성인

성모님, 성모님은 저희 구원을 위하여 예수님을 잃는 커다란 아픔을 견뎌 내셨습니다. 모든 시대에 구원을 위한 노력이 얼마나 중요하고, 영원한 구원이 얼마나 위대한지 깨닫도록 도와주소서.

죄 없는 아기 순교자들 축일   12월 28일

오히려 저는 제 영혼을
다독이고 달랬나이다.
제 영혼은 마치 젖 뗀 아기
어미 품에 안긴 아기 같사옵니다.

시편 131,2

　복되신 동정녀를 공경하는 진정한 신심은 온유합니다. 그 신심은 아이가 자기 어머니를 신뢰하듯이, 모든 것을 성모님께 의탁하는 신뢰로 가득 차 있습니다.
　이 신심은 우리가 온갖 곤경에서 성모님께 달려가게 해 줍니다.

— 루도비코 마리아 그리뇽 드 몽포르 성인

성모님, 성모님을 향한 신심으로, 모든 슬픔과 곤경 속에서 단순함과 온유함과 신뢰로 성모님께 나아가게 해 주소서.

12월 29일

너희는 세상에서 고난을 겪을 것이다.
그러나 용기를 내어라.
내가 세상을 이겼다.

요한 16,33

복되신 동정녀를 공경하는 진정한 신심은 한결같습니다. 그 신심은 우리가 선행을 하도록 힘을 북돋아 주고, 세속과 육신과 마귀와 맞서는 용기를 우리에게 불어넣어 줍니다.

성모님을 공경하는 사람들은 본능적인 감각이 아니라 예수님과 마리아를 믿는 신앙으로 살아갑니다.

— 루도비코 마리아 그리뇽 드 몽포르 성인

성모님, 성모님을 향한 신심으로, 날마다 세속과 육신과 마귀의 온갖 유혹에 맞설 용기를 주소서.

12월 30일

목숨을 부지하려고 무엇을 먹을까,
또 몸을 보호하려고 무엇을 입을까
걱정하지 마라.
하느님께서 이처럼 입히시거든,
너희야 훨씬 더 잘 입히시지 않겠느냐?

마태 6,25.30

 복되신 동정녀를 공경하는 진정한 신심은 사심이 없습니다. 그 신심은 하느님의 어머니이신 성모님 안에서 오직 하느님만을 추구하도록 활력을 불어넣어 줍니다.

 성모님의 참된 자녀들은 지상의 어떤 이득이나 육체적, 정신적 안녕을 추구하려고 성모님을 섬기지 않습니다. 성모님이 마땅히 섬김을 받으셔야 하기에 그들은 성모님을 섬깁니다. 그들은 성모님 안에서 오직 하느님만을 섬깁니다!

― 루도비코 마리아 그리뇽 드 몽포르 성인

성모님, 고요한 삶의 자세를 지니게 하시고, 모든 날에 성모님과 하느님이신 당신 아드님을 부지런히 섬기게 하소서.

12월 31일

마음이 불안한 이들에게 말하여라.
"굳세어져라, 두려워하지 마라.
보라, 너희의 하느님을!
그분께서 오시어 너희를 구원하신다."

이사 35,4 참조

죄악의 공포로 무서워 떨며, 양심의 가책이 우리를 짓누르고 있다면, 심판에 대한 두려움과 깊은 슬픔 그리고 절망의 심연이 우리를 괴롭힌다면, 성모님을 생각하십시오!

온갖 위험과 곤경과 죄악 속에서, 성모님을 생각하고 성모님을 부르십시오!

— 베르나르도 성인

성모님, 한 해의 끝에서, 죄의 무게가 저를 놀라게 합니다. 하느님이신 당신 아드님 예수님께 전구하시어, 예수님께서 저를 위하여 성취하신 구원을 얻게 하소서.

마리아의 해에
요한 바오로 2세 성인 교황이 지은
성모 마리아께 바치는 기도

구세주의 어머니, 복되신 마리아님,
넘치는 기쁨으로 당신을 찬양하나이다.
심오한 구원 계획을 이루시기 위하여
아버지 하느님께서는
세상을 창조하시기 전부터 당신을 뽑으시고,
당신은 하느님의 사랑을 믿어
그분의 말씀에 순종하셨나이다.
인류를 구원하시고자
하느님의 아들이 사람이 되실 때
당신을 그 어머니로 원하시고,
당신은 오롯한 마음과 순종으로
아드님을 받아들이셨나이다.

성령께서는
당신을 신비의 정배로 사랑하시어
온갖 선물로 당신을 가득 채우시고,
당신은 그분의 놀랍고도 오묘한 이끄심에
온 삶을 맡기셨나이다.

그리스도교의 삼천년대를 살아가며
당신을 어머니로 모시고 간구하는 교회를
당신께 의탁하오니,
이 지상 신앙의 순례에서
교회를 앞서가신 어머니께서
온갖 시련과 곤경 중에 교회를 위로하여 주시고,
교회가 언제나 하느님과의 깊은 일치와
온 인류의 일치를 이루어 주는
표지와 도구가 되게 하여 주소서.

복음화를 위해 분투하는 모든 사람을
그리스도인의 어머니이신 당신께

특별히 의탁하오니,
어머니에 대한 깊은 신심을 닦아 온
그들의 오랜 여정을 사랑의 눈길로 돌아보시어,
신앙으로 고통당하는 모든 사람에게
굳건한 힘을 북돋아 주소서.

인류 가족과 모든 민족의 어머니이신 당신께
온 인류의 희망과 두려움을 모두 맡겨 드리오니,
모든 사람이 참지혜의 빛을 받아
평화의 길로 나아가도록 그들의 발길을 이끄시어,
길이요 진리요 생명이신 그리스도를 만나게 하소서.
복되신 동정 마리아님, 믿음의 나그넷길에서
저희를 지켜 주시어,
저희가 영원한 구원의 은총을 얻게 하소서.
하느님의 어머니이시며
저희의 어머니이신 마리아님!
너그러우시고 아름다우시며
사랑 지극하신 마리아님!

지은이 찰스 G. 페렌바흐 Rev. Charles G. Fehrenbach, C.Ss.R.

구속주회 사제. 1935년에 뉴욕주 에소푸스에서 사제품을 받은 뒤 미국 가톨릭 대학교에서 철학 박사 학위를 받았다. 1942~1959년에 펜실베이니아주 세인트 메리 신학교에서 가르치며, 뛰어난 영성 지도자, 고해 사제, 그리고 피정 지도자로서 명성을 얻었다. 그는 구속주회 창설자인 알폰소 마리아 데 리구오리 성인의 저술에 대한 여러 비평본을 번역했다.

옮긴이 강대인

현재 한국 천주교 주교회의 성서위원회와 전례위원회의 위원이다. 한국천주교중앙협의회의 전례서 번역 등에 자문을 하고 있다.